Carl Immanuel Nitzsch

**Die evangelische Bewegung in Italien**

Carl Immanuel Nitzsch

**Die evangelische Bewegung in Italien**

ISBN/EAN: 9783743353817

Hergestellt in Europa, USA, Kanada, Australien, Japan

Cover: Foto ©Lupo / pixelio.de

Manufactured and distributed by brebook publishing software (www.brebook.com)

Carl Immanuel Nitzsch

**Die evangelische Bewegung in Italien**

# Die evangelische Bewegung

## in Italien.

Nach einem mehrjährigen Aufenthalt in Italien

geschildert

von

## C. Nitzsch,
Prediger.

> Jo ho veduto tutto 'l verno prima
> Il prun mostrarsi rigido e feroce,
> Poscia portar la rosa in su la cima.
> Dante, Paradiso, Canto XIII.

---

Berlin.
Verlag von Wilhelm Hertz.
(Besser'sche Buchhandlung.)
1863.
London: Williams und Norgate.

Seinem väterlichen Freunde

# Herrn Wilhelm Remy,

Königl. Preuß. Gesandtschaftsprediger und Pfarrer an der deutsch-französischen evangelischen Gemeinde in Neapel

widmet

diese Blätter als ein Zeichen seiner dauernden Liebe und Dankbarkeit

der Verfasser.

# Vorwort.

Bei der diesjährigen Haupt=Versammlung des Gustav=Adolph=Vereins in Nürnberg habe ich eine Verhandlung über die Stellung dieses Vereines zur evangelischen Bewegung in Italien mit einem Referat eingeleitet. Dasselbe erscheint in den nachfolgenden Blättern in veränderter und erweiterter Gestalt wieder. Sie möchten das Große und Ganze der evangelischen Bewegung Italiens anschaulich vorführen, um neues Interesse für eine der erfreulichsten zeitgeschichtlichen Erscheinungen zu erwecken. Obwohl manches auf eigener Anschauung beruhende Wort über die Evangelisation Italiens schon ausgegangen ist, auch aus deutschem Munde und deutscher Feder (ich nenne besonders den „zeitgeschichtlichen Versuch" von Leopold Witte: „Das Evangelium in Italien," die reichhaltigen Mittheilungen in Gelzer's „Protestantischen Monatsblättern," und die von Disselhoff in der Neuen Evang. Kirchenzeitung gegebenen Berichte — Zeugnisse, aus welchen ich viele Belehrung und Anregung empfangen habe), so findet man doch selbst unter denen, die ein lebhafteres Interesse für die Sache haben, selten eine klare Vorstellung über die bisherigen Erfolge und über die Aussichten der evangelischen Mission in Italien. Besonders begegnet man oft einem falschen Urtheil über ihren Charakter, einer Unterschätzung und Geringschätzung ihres inneren Werthes, während von anderer Seite freilich Vieles für Gold ausgegeben wird, was nur einen glänzenden Schein hat. Der Grund dieser Unklarheit liegt zum Theil in der Spärlichkeit der Mittheilungen, welche von Italien her zu uns kommen, aber wohl noch mehr darin, daß es schwer ist, die evangelischen Bestrebungen aus dem so mannichfach bewegten Leben Italiens auszusondern. Ist es überhaupt nicht leicht, irgend eine der Strömungen, welche heutzutage über Italien ergehen, richtig zu zeichnen, so hat es seine besondere Schwierigkeit, die stille evangelische Strömung nach Quelle und Lauf von anderen zu unterscheiden. Ich sehe es daher als meine besondere Aufgabe an, das Bild der evangelischen Bewegung aus einer bunten Menge anderer Bilder herauszuheben, mit denen es zusammenzufließen scheint und in manchen falschen Darstellungen zusammengeflossen ist. Ich bin gewiß, daß die Regungen, um welche es sich handelt, um so herzlichere Sympathie im evangelischen Deutschland finden werden, je größere Klarheit über sie verbreitet wird, je mehr vor Allem ihr Gebiet gegen die politische Tagesgeschichte abgegrenzt wird. Ich bin gewiß, daß des Herrn Werk darinnen ist und möchte nach meinen Kräften etwas dazu thun, daß des Herrn Werk auch unter uns Mitarbeiter finde. Bisher hat das evangelische Deutschland der heiligen Sache wenig herzliche und thätige Theilnahme bewiesen: ich habe die Hoffnung, daß meine Mittheilungen nicht ohne Erfolg dazu auffordern werben¹). Besonders wende ich mich an die, welche jemals in Italien gewesen sind: sie werden sich mit mir dem schönen Lande tief verschuldet fühlen und werden in keiner besseren Weise etwas von ihrer Schuld abtragen können, als wenn sie das Werk der Evangelisten, die dort Heil verkündigen, mit ihrer Liebe und mit thätiger Theilnahme begleiten. Wir Fremde sind wohl geneigt, einen Stein nach dem anderen auf das italienische Volk zu werfen und Gott zu danken, daß wir nicht sind wie jene. Die Wahrheit hat ihr Recht: auch diese Schrift wird von der Finsterniß, in welcher jenes Volk wandelt, nicht schweigen. Aber auch die Liebe hat ihr Recht. Hat uns nicht der Herr gelehrt, da ganz besonders die Nächstenliebe zu erweisen, wo wir großer Noth und tiefem Elend begegnen? Hier ist ein tief gesunkenes Volk: es wartet einer Erneuerung und Wiedergeburt durch das Evangelium und es wird ein herrliches Volk sein, wenn es durch Gottes Wort zu sich selbst kommt. Wir wollen dazu nach unseren Kräften helfen.

Einen Beweis ihrer Glaubwürdigkeit werden hoffentlich meine Mittheilungen in sich selbst tragen: ich bemerke aber im Voraus, daß ich nicht nur durch die wenig umfangreiche Litteratur, welche den vorliegenden Gegenstand betrifft und nicht nur durch Correspondenz mich unterrichtet habe, sondern in den wichtigen Jahren

---

¹) Mit Freuden würde der Verfasser bereit sein, etwaige Beiträge für die evangelische Mission in Italien an die Stellen zu befördern, wo sie durch die besten Hände verwaltet werden würden. (Adresse: Berlin, Propststraße Nr. 7.) Der Leser wird am Schluß dieser kleinen Schrift Auskunft darüber finden, welchen Unternehmungen besonders kräftige Unterstützung zu wünschen ist.

1859—1862 durch eigene Anschauung die herzlichste Sympathie für die begonnene Evangelisation Italiens gewonnen habe.

Der Inhalt der nachfolgenden Arbeit muß dem der oben genannten Schrift von Witte sehr verwandt sein. Seit sie erschienen ist, sind kaum zwei Jahre verflossen. Die Lage der Dinge hat sich nicht wesentlich verändert, obwohl in dieser Zeit die evangelische Bewegung auch das südliche Italien erreicht hat. Beide haben wir an Ort und Stelle unsere Anschauung gewonnen und gehen daher bei verwandter Gesinnung in unserem Urtheil und unserer Darstellung fast dieselbe Straße. Bei allem Werth jedoch, den ich auf die Arbeit meines Vorgängers lege, glaube ich mit dieser Veröffentlichung nichts Ueberflüssiges zu thun, auch wenn ich davon absehe, daß in solchen Dingen, die so fern und doch so nahe liegen, ein zweites Zeugniß nicht unerwünscht sein wird, wenn es von dem ersten im Wesentlichen unabhängig ist. Witte hat in seinem Bericht nach Vollständigkeit gestrebt und in der That kaum eine einschlagende Betrachtung ganz versäumt. Ich habe daher auf eine erschöpfende Darstellung von vorn herein verzichten und die Aufgabe festhalten dürfen, welche durch äußere Veranlassung mir zunächst gegeben war, Hauptpunkte in skizzenhafter Weise hervorzuheben. So haben denn die beiden Versuche, eine ernste, große Sache deutschen Lesern nahe zu bringen, doch eine ganz verschiedene Anlage und Gestalt und machen einander, wie mir scheint, nicht überflüssig, sondern können sich zur Ergänzung dienen. Was das Einzelne betrifft, so ist mir doch Manches zur Nachlese übrig geblieben. Ich habe die Vorgeschichte und die Special-Geschichte der neueren evangelischen Bewegung, welche Witte mit besonderem Fleiß und besonderer Ausführlichkeit gegeben hat, ganz bei Seite gelassen, dagegen andere Betrachtungen, die in seinem Buche wenig ausgeführt sind, in den Vordergrund gestellt. Besonders habe ich die eine der Evangelisationsparteien, die sogenannte darbistische, mit größerer Ausführlichkeit geschildert, weil die von ihnen ausgehende kirchliche Neubildung viele Verkennung erleidet. Diese Verschiedenheit, wie die Verschiedenheit der Zeit, in welcher, und des Ortes, von welchem aus wir vorzugsweise beobachtet haben, hat mir zur Mittheilung vieler neuer Einzelheiten Raum verschafft, welche hoffentlich für die Anschaulichkeit des Gegenstandes nicht hinderlich, sondern förderlich und also dem Hauptzweck dieses Schriftchens dienstbar sein werden. So wird, wer beide Arbeiten liest, nicht leicht mehr Wiederholung finden, als bei der Gleichheit des Gegenstandes unvermeidlich war. So viel glaubte ich über das Verhältniß meiner Darstellung zu der vortrefflichen Arbeit meines Vorgängers sagen zu müssen. Obwohl es in der Natur der Sache liegt, daß diese anspruchslose Broschüre, welche fast nur mit dem empfangenen Pfunde eigener Anschauung jüngster Ereignisse Wucher treibt, einer Schrift, die zum großen Theile eine Frucht geschichtlicher Studien ist, ihr Vorrecht nicht streitig machen will und obwohl auf der anderen Seite anzunehmen ist, daß erstere neben der letzteren und nach der letzteren nicht veröffentlicht worden wäre, wenn sie nicht ihre besondere Mission zu haben glaubte, so habe ich doch Beides aussprechen wollen für die, welche Witte's Schrift kennen und für die Uebrigen, denen ich es wünsche, daß sie dieselbe kennen lernen.

Bei Abfassung meiner Schrift hatte ich nicht nur theologische Leser im Auge; allen Gebildeten, welche für kirchliche Zeitgeschichte

Interesse haben, sollte sie zugänglich werden. Die Ungleichheit der Gegenstände aber brachte es mit sich, daß sie mit einem Abschnitt (der Charakteristik der sogenannten Darbisten) einer wissenschaftlichen Darstellung etwas näher rückt, während die übrigen Abschnitte eine sehr ungezwungene und leichte gestatteten. So mag es sein, daß die Einen die eine Hälfte zu leicht und die Anderen die andere zu schwer finden.

Ich lasse diese Blätter, wie gering auch ihre litterarische Bedeutung sein mag, doch in der Hoffnung ausgehen, einer Sache damit zu dienen, die mir lieb und heilig ist. Die freundliche Aufnahme, welche mein Bericht in Nürnberg bei Vielen gefunden hat, hat mich darin bestärkt. — Möchten insbesondere die waldensischen Evangelisten in dieser kleinen Handreichung einen willkommenen Beweis der geistigen Gemeinschaft, in welcher ich mit ihnen stehe, sehen!

Berlin im December 1862.

Cölestin Nitzsch.

# Inhalt.

Seite

1. Charakter der evangelischen Bewegung Italiens. Sie ist zu unterscheiden von einer parallelen politischen Bewegung (Gavazzi, Passaglia) als eine religiöse und zwar im vollen Sinne evangelische ... 1

2. Ist das italienische Volk vorbereitet für eine evangelische Bewegung? — Italien ein Land der Todten? Hoffnungen für seine Zukunft. Das sittliche und religiöse Leben der Gegenwart. (Der italienische Klerus.) Entmuthigungen und Ermuthigungen. Die Erfolge der Evangelisation klein und doch groß ......... 21

3. Der gegenwärtige Stand der Evangelisation. — Die beiden evangelischen Parteien: die waldensische Kirche und die evangelischen Vereine 48

4. Der Stand der Sache fordert uns zur Mitarbeit auf. — Wie können wir Handreichung thun? — Die gefährliche Lage des weltlichen Papstthums ein Grund mehr, die Zeit auszukaufen. — Schlußwort (das Motto dieser Schrift)........ 94

Anhang. Mittheilungen aus „Don Abbondio e Carnesecchi. Ricordi d'un esule al Clero Toscano" und aus Gavazzi's Reden ..... 109

# Erstes Capitel.

Charakter der evangelischen Bewegung. Sie ist zu unterscheiden von einer parallelen politischen Bewegung (Gavazzi, Passaglia) als eine religiöse und zwar im vollen Sinne evangelische.

---

Man hört wohl hier und da die zweifelnde Frage: Giebt es eine evangelische Bewegung in Italien? Diese Blätter wollen mit einem entschiedenen Ja! antworten. Von vornherein muß ich freilich übertriebenen Vorstellungen gegenüber darauf hinweisen, daß die evangelische Bewegung Italiens sich bisher auf einen kleinen auserwählten Kreis beschränkt. Sie gleicht einem Kinde, das die ersten Anfänge im Sprechen und Wandeln macht und schöne Hoffnungen für seine Zukunft erweckt, ja! ein gesunkenes und entartetes Haus wieder aufzurichten verspricht, aber, von vielen Gefahren bedroht, der Hülfe und Pflege noch sehr bedürftig ist. Wohl kann vielleicht in jenem südlichen Lande, wo die natürliche Vegetation so rasches Wachsthum zeigt, auch eine geistige Bewegung schneller um sich greifen als anderswo. Aber noch ist dort kein großer Baum aus dem Senfkorn erwachsen, noch wird das Licht wenig begriffen von der Finsterniß, noch ist eine Bewegung der Massen nicht eingetreten. Ich habe nur von einer kleinen gläubigen Gemeinde, die in bescheidenen Gruppen über die ganze Halbinsel zerstreut ist, zu berichten. Das soll uns indessen Muth und Freudigkeit für das dort beginnende Werk eher vermehren als nehmen. Plötzliche Erweckungen großer Massen — gewiß! Gott kann sie wirken und eine reiche Ernte für sein Reich aus ihnen ziehen. Doch wenn ein Christ sich ihrer überhaupt kaum anders freuen kann, als mit Furcht und Zittern, so würde dies ganz besonders für ein Land wie Italien gelten, wo sie im wunderbarsten Kontrast mit der natürlichen Entwicklung und Gestaltung des Volks stehen würden. Freuen wir uns, wenn dort ein stilles Werk der Erweckung und Erneuerung mit langsamem Schritte fortschreitet und spärliche, aber reife Früchte trägt; freuen wir uns, wenn wir dort auf einem kleinen Saatfelde Pflanzen des himmlischen Vaters erkennen; es kann uns mehr Muth und Hoffnung geben für die Zukunft des wüsten Landes, als das schnelle Ueberfluthen eines geistlichen Stromes in uns erwecken würde, der Alles fortreißt, ehe man sich besinnt, woher er kommt und wohin er geht.

Still und bescheiden ist die Bewegung, welche durch das Evangelium in Italien angeregt ist. Sie kann dem fernen Beobachter leicht in einem falschen Lichte erscheinen, weil sie mit den Stürmen einer politischen Umwälzung gekommen ist und weil noch heute das ganze Leben Italiens den Eindruck eines furchtbaren wilden Gährens macht. Aus der Ferne rechnen die Einen ihr allerhand Erscheinungen und Erregungen zu, die eine ganz andere Quelle haben als das Evangelium; sie gewinnen das falsche Bild einer geräuschvollen, in breitem reißenden Strome fortschreitenden Fluth. Aber wie ich ihnen von vornherein widersprochen habe, so muß ich mich nun auch gegen die Anderen wenden, die von ihrem fernen Standpunkt aus eine evangelische, ja! überhaupt eine religiöse Strömung in dem Lande der Revolutionen und Leidenschaften nicht zu erkennen vermögen.

Ich will nicht läugnen, daß sich hier und da Fremdartiges in die religiöse Erregung eingemischt hat, daß hier und da die religiöse Erweckung mit politischer Leidenschaft Hand in Hand geht. Aber dennoch ist es wahr, daß eine evangelische Bewegung zum Segen Italiens begonnen hat, die im Großen und Ganzen von der politischen unabhängig ist. Freilich ist sie nur durch die großen Umwälzungen der letzten Jahre möglich geworden. Die Ausschließung der heiligen Schrift und evangelischer Predigt, die harten Strafen und Verfolgungen, denen italienische Proselyten ausgesetzt waren, alle die festen Riegel, welche dem Evangelium entgegenstanden, sind erst durch sie beseitigt worden, Gewissensfreiheit und Glaubensfreiheit sind erst durch sie zur Geltung gekommen. Aber schnell hat sich dann das religiöse Element von dem politischen geschieden. Mag man für das letztere noch so wenig Sympathie haben, es ist darum kein Grund vorhanden, dem ersteren mit Kälte zuzusehen[1]). „Obgleich Gottes Wort" — heißt es in einem Bibelgesellschaftsbericht — „in dieses Land auf den getrübten Wassern einer politischen Aufregung hineingebracht wird, so schwimmt es doch gleich dem Eisen auf den Gewässern des Jordan, während das Gebot des Elisa: „Hebe es auf!" von Vielen befolgt ward, welche die Hand ausreckten und es aufnahmen." Die evangelischen Gemeinden Italiens sind nicht Heerde politischer Erregung und Leidenschaft, sie erscheinen vielmehr als eine stille Zuflucht in böser Zeit, als Stätten der Ruhe und des Friedens. Sie erinnern an das Wort: „Wenn gleich das Meer wüthete und wallete und von seinem Ungestüm die Berge einfielen, dennoch soll die Stadt Gottes fein lustig bleiben mit ihren Brünnlein, da die heiligen Wohnungen des Höchsten sind." Gewiß giebt es manche Berührungen zwischen der politischen und der religiösen Bewegung,

---

[1]) Ich kann mich hier einer Bemerkung über die natürliche Stellung eines evangelischen Christen zu der politischen Bewegung, die sich in Italien vollzieht, nicht enthalten. Ich verstehe es sehr gut, wenn evangelische Deutsche aus Gerechtigkeitsgefühl, der Legitimität und Ordnung zu Liebe, die Vertreibung italienischer Dynastien beklagen, den Fall des weltlichen Papstthums fürchten. Mit ungemischter Freude kann auch ich keiner Revolution zusehen. Aber wer das Unrecht ihrer Opfer aus der Nähe gesehen hat, vor Allem die über das Gewissen und das religiöse Gefühl geübte Tyrannei, der kann als evangelischer Christ nicht nur klagen und zürnen über die Gewaltthaten ihrer Feinde, der muß sich freuen, daß ihre Herrschaft ein Ende hat und dem Gewissen Freiheit gegeben ist. Ich hätte keinen Finger rühren mögen für die Revolution, aber ich möchte auch nicht mit dem leisesten Gedanken meiner Seele um des juristischen Rechtes willen einer widerevangelischen Tyrannei zu Hülfe kommen. Wer Gott geben will, was Gottes ist, darf die nicht preisen, welche dem Kaiser verweigern, was des Kaisers ist, aber er darf sich freuen, daß deren Macht ein Ende nimmt, welche Gott verweigern, was Gottes ist.

aber auch, wo sie am meisten hervortreten, in dem Angriff gegen das Papstthum, zeigt sich doch sogleich der Unterschied. Von der einen Seite wird fast ausschließlich das weltliche, von der anderen fast ausschließlich das geistliche Papstthum bekämpft[1]). Es ist wahr, daß viele Italiener, die zuvor für den Protestantismus im höchsten Grade eingenommen schienen, jetzt vor demselben wie vor einem Gespenst erzittern, weil sie irriger Weise Revolution und evangelische Propaganda in innige Beziehung setzen und unter den Erfahrungen, die Italien seit 1848 gemacht hat, mißtrauisch geworden sind gegen jede Bewegung, gegen jedes Antasten des bestehenden Gebäudes. Aber wenn sie recht zusehen wollten, so würden sie erkennen, daß von dieser Seite her ein Protestiren und Abbrechen geübt wird, das ebenso gut Bekennen und Erbauen genannt werden kann. Es giebt auf der anderen Seite Solche, die unter Gregor XVI. nach damaliger Mode der Liberalen für protestantische Reformen schwärmten, aber nun, ihrem Liberalismus treu, der Neigung zur evangelischen Sache untreu geworden sind. Die, welchen es nur um politische Einigung und Gestaltung Italiens zu thun ist, fürchten die Gefahr religiöser Trennung und sehen in ihr ein Hinderniß der nationalen Einheit. Sie leihen sich wohl zuweilen Waffen von den Evangelisten, aber sie reichen ihnen nicht als Bundesgenossen die Hand. Im Allgemeinen schieben die Liberalen die religiöse Frage fast ängstlich hinter die brennenden Fragen des Tages zurück. Die, welche dem Protestantismus geneigt und zugethan sind, sind mit wenigen Ausnahmen Solche, die tiefer in die Noth ihres Volkes sehen, Solche, denen vor Allem die sittliche und religiöse Neugeburt Italiens am Herzen liegt. In einer Zeit, wo das italienische Volk sich ganz und gar mit seiner staatlichen Entwicklung zu beschäftigen scheint, wo — ich möchte fast sagen — alle Künste und Wissenschaften und Fähigkeiten in den Dienst der nationalen Sache

---

[1]) Es ist interessant zu beobachten, wie sich in der liberalen Presse Italiens und in öffentlichen Demonstrationen die Verehrung des Papstes als des geistlichen Oberhirten bei den wüthendsten Angriffen auf den papa — re ausspricht, gleich als wenn die eine Person sich in zwei theilen ließe.

treten, wo z. B. eine Einleitung in die Philosophie der Geschichte, die von einem der namhaftesten Philosophen Italiens geschrieben ist, fast ganz in eine Besprechung der politischen Tagesfragen ausläuft — zu solcher Zeit sind die Stätten, an welchen sich die evangelische Bewegung kundthut, Zufluchtsorte, an welchen vor den ewigen Dingen die zeitlichen schweigen.

Man darf nicht etwa einen Mann, wie den vielfach genannten Pater Gavazzi, den Feldkaplan Garibaldi's, der während der Revolution des Jahres 1860 in Sicilien und Neapel auf öffentlichen Plätzen politisch-religiöse Reden hielt, als eigentlichen Vertreter der evangelischen Bewegung ansehen. Ich muß mich bei diesem Manne etwas länger aufhalten, einmal weil er als eine sehr interessante Persönlichkeit Beachtung verdient, aber auch weil man von ihm bei uns fast mehr gehört hat als von den ächten Evangelisten Italiens, so daß die Gefahr nahe liegt, nach ihm fälschlich die anderen zu beurtheilen. Gavazzi — man kann nicht anders sagen — predigt das Evangelium. „Mein Glaubensbekenntniß" — sagte er einmal in einer Volksrede auf öffentlichem Markt unter dem Beifall vieler hundert Neapolitaner — „besteht in zwei Worten: Gottheit Jesu Christi und völliger Gehorsam gegen das Evangelium. Wenn die Italiener nur glauben wollten an Jesum Christum! Hört Neapolitaner! was ich euch sage. Neapel hat 500,000 Einwohner und nicht 10,000 sind darunter, die an Jesum Christum glauben. Jesus Gott und Sohn Gottes, Jesus allein unser Erlöser, Jesus allein unser Mittler, Jesus allein unsere Rechtfertigung, Jesus allein unsere Verklärung! — das ist das Christenthum, welches ich bekenne." Wo das Evangelium nicht als Mittel zum Zweck, zu politischem Zweck herangezogen wird, besonders wo Gavazzi die mannichfache Unsittlichkeit des neapolitanischen Volks geißelt aus dem Evangelium heraus, haben die Betrachtungen, welche er anstellt, große Würde und großen Ernst. Es kommen Stellen vor über das Gebet, über die Arbeit, über das Familienleben, über Lügen und Betrügen, über Zorn und Rache, welche jede evangelische Predigt zieren würden.

Aber mit evangelischem Bekenntniß mischt sich in seinen Reden nicht nur eine maßlose Polemik gegen den römischen Aberglauben, eine Polemik, der es an Schonung für die Schwachen und an der zarten Scheu, mit welcher auch das verirrte religiöse Gefühl behandelt sein will, gänzlich mangelt: in den Vordergrund tritt politische Agitation, besonders eine chronique scandaleuse des Papstthums, das er natürlich nicht nur als ein weltliches bekämpft, und der entthronten Dynastien, immer verwebt mit biblischen Worten und Bildern, die oft gar sehr herabgezogen werden. Mit dem Erbaulichen und Würdigen mischt sich das Leidenschaftliche und Häßliche. Ich will zur Charakterisirung seiner Haltung noch einige Stellen aus seinen Reden aufführen. Wenige Tage vor dem Gennaro-Feste, bei welchem bekanntlich nach dem Glauben der Neapolitaner das Blut ihres Schutzheiligen flüssig zu werden pflegt[1]), hob er an: „Man verbreitet die Rede in Neapel, daß

---

[1]) Bei Weitem der größte Theil der neapolitanischen Priester war der vertriebenen Bourbonen-Dynastie ergeben. Man kann sich nicht wundern, daß sie den Aberglauben des Volks nach ihren Kräften in reaktionärem Interesse ausbeuteten. So wurde von einem Madonnenbilde in Santa Lucia erzählt, es habe am Tage der Abreise der königlichen Familie blutige Thränen geweint. Besonders wichtig aber war es für Neapel, auf welche Seite Januarius, der Patron der Stadt, sich bei seinem Feste, das bald auf den Einzug Garibaldi's folgte, stellen würde. Die Priester behaupteten, er werde sich gegen die Revolution erklären; sie hatten nicht übel Lust, sein gewöhnliches Wunder dem Volke für dies Mal vorzuenthalten. Darauf beziehen sich die oben mitgetheilten Aeußerungen Gavazzi's. Das Wunder geschah übrigens in einer für Garibaldi sehr günstigen Weise. Man legt nämlich in Neapel Gewicht darauf, ob Januarius lange auf das wunderbare Schauspiel warten läßt. Es galt als ein gutes Omen, daß es am 19. September 1860 zu früher Tagesstunde eintrat. — In der Neuen Ev. Kirchenzeitung 1861 Nr. 28 berichtet eine Correspondenz aus Sicilien einen Zug, der hier wegen seiner Verwandtschaft mit dem eben Erzählten Platz finden möge: „In Messina forderte einer der hauptsächlichsten Führer der Bewegung das Volk auf, der heiligen Jungfrau am Jahrestage der Revolution von 1848 zu danken, damit man nicht meine, man habe mit der neapolitanischen Regierung auch den Glauben abgelegt. Obwohl die Jungfrau der unbefleckten Empfängniß die Schutzpatronin des neapolitanischen Heeres war — sie war bei Verkündigung des Dogmas Generalissimus geworden und hatte den höchsten neapolitanischen Orden erhalten — so wählte die National-

S. Gennaro sein Wunder nicht thun werde. S. Gennaro wird
es thun. Denn S. Gennaro, der 1799 ein guter Jakobiner
war, wird 1860 ein guter Garibaldiner sein. S. Gennaro ver=
steht sich besser auf die Welt als der Erzbischof von Neapel.
Wenn er sein Wunder nicht thun wird, so hoffe ich, daß der
Himmel nicht einfallen wird und daß Neapel Neapel bleiben wird,
Lächeln Gottes und der Schöpfung und daß wir auch ohne das
Wunder an jenem Tage Kinder Gottes und Erlöste Jesu Christi
sein werden. Ich hoffe es. Aber — ihr Laien sollt mich nicht
hören, haltet die Ohren zu, ich spreche nur zu den Priestern —
paßt auf: wenn S. Gennaro am Mittwoch sein Wunder nicht
thuen sollte, so könnte vor allen Dingen geschehen, daß Garibaldi
es machte, wie ein gewisser französischer General, der S. Gennaro
in 15 Minuten zwang, das Wunder zu thun und dann könnte
es sich ereignen, daß Italien und Europa sagten: Also S. Gen=
naro thut das Wunder, wenn es den Priestern gefällt. Ich hoffe,
daß irgend ein Spion Sr. Eminenz meine Worte zutragen und
uns von Sr. Eminenz die Gunst des S. Gennaro=Wunders ver=
schaffen wird." Ein ander Mal hielt er, des schlechten Wetters
wegen in einer Kirche, eine Rede, welche die Abstimmung des
Volks über die Wahl Victor Emanuel's vorbereiten sollte. Er
schloß folgendermaßen: „Brüder! vor Christus, der uns vom
Himmel her hört ... Brüder! vor Jesus, der unser Vater ist
und einst unser Richter sein wird ... Brüder! laßt uns auf=
schicken ein Gebet! — Christus! mache ein Ende den Trübsalen
dieses Königreichs! Christus! verleihe uns die Gnade, daß wir
unseren Feinden verzeihen, die uns so viel Böses gethan haben,

---

garde zu Messina doch dieselbe Jungfrau zu ihrer Schutzpatronin; während die
Besatzung der Citadelle ihr zu Ehren Salutschüsse abfeuerte, wollte die National=
garde ihr zu Ehren Procession halten. Aber es regnete und die Madonna
konnte nicht heraus; da mehrere Tage das unangenehme Wetter anhielt, meinte
das Volk, die Madonna befinde sich in Verlegenheit, sie sei noch nicht ganz
entschlossen, wessen Patronin sie eigentlich sein wolle. Sobald aber das Wetter
sich aufheiterte, zog man mit ihrem Bildniß durch die Straßen und die Sache
war entschieden."

zumal von 1848 bis in dieses Jahr! Jesus Christus! segne den
König, den wir am Sonntag mit unserer Abstimmung wählen
wollen! Erhalte ihn uns, wie Du ihn uns giebst! Erhalte ihn
uns als gesetzestreuen, patriotischen, italienischen König, als re
galantuomo! Wir werden ihn verehren, wir werden ihm ge=
horchen als dem rechtmäßigen Repräsentanten Deiner Güte und
Deiner Barmherzigkeit! Endlich, Christus, der Du uns erlöst hast
vom Satan und vom Tode, der Du uns wiedergegeben hast die
Freiheit der Kinder Gottes — Christus! segne, o segne unseren
guten Garibaldi, der zuerst unser Wohl geschafft hat, der zuerst
unsere Ketten zerrissen, der zuerst für Victor Emanuel den Weg
geöffnet hat, der zuerst für nicht zu ferne Zukunft die völlige
Einheit Italiens möglich gemacht hat! O segne ihn im Frieden
und segne ihn im Kriege und gieb, daß er ohne zu vieles Blut=
vergießen in dieser Woche zu einem Pfande für das Kommen
unseres rechtmäßigen Königs Victor Emanuel's mit Deiner Hülfe,
unter Deinem Schutz, mit Deinem Arm und unter Deinem
Schild dieses Capua erobern könne, welches das letzte Bollwerk
der Despoten und der Tyrannen ist! ... Auf daß wir am Sonn=
tag, wenn wir unsere Stimme für Victor Emanuel geben, Dir
sagen können: Jesus, Jesus! wir danken Dir, weil Du uns end=
lich unsere völlige Freiheit geschenkt hast! ... Viva Gesù! Viva
per sempre il nostro Benedetto Redentore! Viva Gesù! — In
der Kirche müssen wir es Alle von Herzen rufen ... Viva Gesù!"[1])

---

[1]) Ich habe obiges Gebet besonders wegen des für uns sehr auffallenden
Schlusses mitgetheilt. Ich muß aber bemerken, daß das Viva Gesù keine
Neuerung Gavazzi's ist. Ich kenne z. B. ein Blatt, das unter den Frommen
Toskana's seiner Zeit sehr verbreitet war: Mittheilungen des Herrn Jesus
Christus an die Schwestern Elisabeth, Marta und Brigida, die einige Einzel=
heiten über sein Leiden zu erfahren wünschten. Es wird darin mitgetheilt,
daß der Herr 36,414 Tropfen Bluts vergossen habe und daß Jeder Vergebung
der Sünden, Erlösung von den Strafen des Fegfeuers und die Würde eines
Märtyrers erlangen werde, der 23 Jahre und 12 Tage lang jeden Tag
4 Paternoster und Ave sprechen würde (so daß die Zahl der Gebete den ver=
gossenen Blutstropfen gleichkäme). Dies Blatt schließt mit den Worten: Viva
Gesù, viva Maria!

Das versammelte Volk ging mit dem Rufe: Viva Gesù! auseinander. Ein ander Mal hielt er eine Rede auf einem Platze, an welchem das Jesuitencolleg liegt. Da heißt es: „Die Neapolitaner müssen sich daran gewöhnen, die Jesuiten als die Kinder des Satans und nicht als Kinder Jesu anzusehen; Jesus war liberal, Jesus war Patriot, wir sind Liberale und Patrioten, also sind wir Kinder Jesu. Die sogenannten Jesuiten sind Reaktionäre vom reinsten Geblüt, daher sind sie Söhne des Satans, welcher der Widersacher des gebenedeiten Christus ist." In derselben Rede sagt er von Garibaldi: „Wir werden ihn immer lieb behalten und wenn wir seine Bilder betrachten, so werden wir sagen: in den Träumen unserer Unschuld haben wir uns den Erlöser der Welt so vorgestellt. Denn es ist gesagt worden und ist eine Thatsache, daß Niemand so sehr dem Erlöser gleicht in den Gesichtszügen, wie unser Garibaldi! Und wie er ihm gleicht in den Zügen, so gleicht er ihm auch in seiner politischen Mission: der Eine kam, um die Welt zu erlösen aus der Knechtschaft des Satans, der Andere ist gekommen, Italien zu erretten von der Knechtschaft der Despoten." Ich unterdrücke für jetzt weitere Mittheilung von würdigen oder unwürdigen Aeußerungen dieses Mannes[1]), dessen große Beredtsamkeit einer reineren Wirksamkeit werth wäre. Die Vermischung von Politik und Evangelium, welche bei ihm hervortritt, ist eine Ausnahme. Ich bin aber auch dem Pater Gavazzi das Zeugniß schuldig, daß er immer erbaulicher und würdiger und maßvoller geworden ist, seit er seine Wirksamkeit nicht mehr an der großen Straße der Revolution hat, deren Demagog er war. Wenn er früher in Neapel und im vorigen Winter in Florenz religiöse Versammlungen leitete, war Polemik und Politik nicht mehr der Kern seiner Reden.

Gavazzi hat sich öfter erlaubt, in einer für das religiöse Gefühl verletzenden Weise Garibaldi neben den Heiland zu stellen. Eine Rede schließt er mit den Worten: „Herr! erhalte uns den Joseph Garibaldi. Es lebe Dein Bote! Es lebe Dein Held! Es lebe

---

[1]) Vergl. jedoch den Anhang dieser Schrift.

Dein Heiliger! Es lebe Dein Repräsentant! Es lebe Dein wahrer Stellvertreter!" Derartige Parallelen wurden überhaupt in den Reden und Zeitungen jener Zeit sehr häufig gezogen; sie sind ein Beweis, wie wenig Erkenntniß Christi und wie wenig Ehrfurcht vor dem, dessen Name über alle Namen ist, in dem italienischen Volke wohnt. Ich kann die nicht als Vertreter der evangelischen Bewegung ansehen, welche ähnliche Aeußerungen thun können, wenn sie auch daneben manches echt christliche Wort gesprochen haben. Dergleichen Aussprüche sind so charakteristisch für die Sprecher und für das religiöse Leben des ganzen Volkes, daß ich noch einiges Gleichartige hinzufüge. Ich habe vor mir eine Adresse, welche Priester des südlichen Italiens an Garibaldi bald nach seiner Ankunft in Neapel gesandt haben. Sie beginnt: "Der Geist des Herrn ist mit Dir, neuer Führer des neuen Israels, Held der Helden, und vor diesem Geist des Lebens, der Wahrheit, der Gerechtigkeit — beugt sich in Ehrfurcht der Klerus des südlichen Italiens und begrüßt Dich, den Engel Gottes. In Dir muß Jeder anbeten den allmächtigen Finger Gottes" u. s. w. So sprechen die liberalen Priester, von welchen weiter die Rede sein wird. In Neapel wird jetzt eine „biblische Geschichte" herausgegeben, die der famiglia Italiana gewidmet ist, welche in Vittorio Emanuele den von Gott gesandten Gideon erblickt, um unter seiner Leitung collo spirito e col braccio die Erlösung Italiens zu vollenden. Aber das Stärkste dieser Art habe ich im September 1860 in einer neapolitanischen Zeitung gelesen. Da schreibt ein Neapolitaner: „Ich glaubte, daß Garibaldi auf die Frage: Tu quis es? Elias es tu? Propheta es tu? Quid dicis de te ipso? als Vorläufer des re galantuomo wie der Gesandte des Herrn antworten müsse: Ego vox clamantis in deserto: dirigite viam domini; aber ein in Neapel ansässiger Ebräer machte mich auf etwas aufmerksam, woran ich noch nicht gedacht hatte, nämlich daß G. der Christ des Herrn sei. „"Wenn G., sagte er, nicht der Messias ist, welchen wir Ebräer erwarten, so kommt der Messias nicht mehr."" — So brachte ein Ebräer eine Wahrheit ans Licht, auf die Niemand achtete; ja! man müßte aus dem Wege gehen oder die Augen schließen, um nicht zu erkennen, daß der durch außerordentliche Tugenden ausgezeichnete Mann, der nicht in Herrlichkeit und Ehrgeiz wie der Papst, sondern wie ich in Armuth lebt, der Christus ist, welcher glühend von heiligem patriotischen Eifer die Räuber aus dem Tempel Italiens treibt, indem er sie schilt: Auferte ista hinc et nolite facere domum patris mei domum negotiationis. — Wir sagen zu dem Ungläubigen: Komm und sieh! Demüthig vor dem Höchsten zu Boden liegend, preisen wir den Herrn, quia propheta magnus surrexit in nobis: et quia Deus visitavit plebem suam."

Garibaldi als einen Mann der evangelischen Bewegung anzusehen, wäre sehr verkehrt, ob er gleich in England gesagt hat: „Die Bibel ist die Kanone, welche Italien befreien wird," und ob er gleich immer von Neuem den Christus des Evangelii seinem irdischen Stellvertreter gegenüberstellt. Doch wäre es auch sehr falsch, wenn man läugnen wollte, daß er mit der politischen Bewegung, deren Seele er gewesen, zugleich auf eine religiöse und sittliche Reformation des italienischen Volks ausgegangen ist. Die sittliche Noth seines Volkes geht ihm zu Herzen; nur sucht er ihre Wurzeln zu sehr in der politischen Noth Italiens und hofft zu viel von politischer Befreiung. Mag man über seine Thaten urtheilen wie man will und der Legitimität oder der Volks-Souveränetät huldigen so viel man will, man wird finden müssen, daß er mit seiner Revolution wider Wissen und Willen vielen bösen Kräften Bahn gemacht und Vieles zum Schaden der sittlichen Bildung seines Volkes gethan hat, aber auch, daß nicht am wenigsten eine gerechte Entrüstung über die dem sittlichen und religiösen Leben gar verderbliche Ehe zwischen Priesterherrschaft und politischer Tyrannei ihn getrieben und daß er in der That seinem Volke mehr sittliche Anregung gegeben hat, als die, welche er aus dem Besitz der Macht verdrängt hat. Die nationale Bewegung, wie sie in seinem Geiste gedacht war, hat sittliche Schranken willkürlich durchbrochen, aber deshalb fehlt ihr nicht alle sittliche Triebkraft. Man darf sich hier nicht darauf beschränken zu rühmen, aber auch nicht sich begnügen mit Verdammen und Richten. Um etwas Einzelnes anzuführen, weise ich darauf hin, daß einer der allerersten Schritte Garibaldi's nach seinem Einzuge in Neapel die Abschaffung der verderblichen Lotterien und Einführung von Sparkassen war. Freilich scheiterte ein solcher Versuch an dem Widerstand des Volkes, wie manche andere gute Anordnung.

Ich habe hier einige Worte über eine Erscheinung anzureihen, die viel dazu beigetragen hat, die evangelische Bewegung vor trübenden Elementen zu bewahren und ihr die Selbstständigkeit der politischen Strömung gegenüber zu erhalten. Ich meine die Bildung einer neukatholischen Partei, welche sich um den Jesuiten Passaglia gesammelt hat. Diese Partei, zu welcher Tausende von Priestern gehören¹), thut scheinbar der Evangelisation entschiedenen Abbruch, aber in Wahrheit gereicht sie ihr zum Segen. Sie will ein einiges freies katholisches Italien, ein nur geistliches Papstthum und diese oder jene Besserung der kirchlichen Verfassung. Früher drangen viele ihrer Anhänger, besonders in einer Zeitung, die sie in Neapel erscheinen ließen, auf mancherlei Reformen, die freilich nicht die Lehre berührten, aber deren Besprechung doch eine leise evangelische Tendenz verrieth. Seit Passaglia an der Spitze dieser Partei steht und sie sich bestimmter gestaltet hat, ist von einem evangelischen Interesse nichts mehr in ihr zu spüren.

Es ist bekannt, daß Carlo Passaglia, während er zuvor um seiner Gelehrsamkeit und seiner katholischen Gesinnung willen in Rom großes Ansehen und großes Vertrauen genoß, vor etwa einem Jahre von dort flüchten mußte, nachdem er sich als Verfasser des Buches: "Pour la cause italienne aux évêques catholiques. Apologie par un prêtre ca-

---

¹) Nach Zeitungsnachrichten haben neuerdings nahe an 10,000 italienische Priester eine von Passaglia entworfene Adresse an den Papst unterzeichnet, welche vor Allem gegen das weltliche Papstthum sich ausspricht. Wenn man den ganzen italienischen Klerus auf 80,000 schätzt, so ist diese Partei doch kein unbedeutendes Bruchtheil. Sie ist fast nur aus den niederen Graden zusammengesetzt; etwa die Hälfte gehört dem untersten Grade an.

tholique"¹), das von der Index=Commission verdammt worden ist, bekannt hatte. Passaglia schreibt das genannte Buch in „tiefem und lebhaftem Schmerz" über die Entfremdung des italienischen Volkes vom Papstthum. Er will die Einheit der Kirche und das Primat des römischen Stuhles bewahrt wissen; er kämpft für die katholische Kirche, für ihre Lehre und für ihre Verfassung. „Wir betheuern feierlich und öffentlich — schreibt er — daß wir wahre und aufrichtige Katholiken sind, daß uns nichts so sehr am Herzen liegt, als die Integrität des katholischen Symboles und der katholischen Disciplin." — „Wir halten es für unumstößlich, daß die Kirche die Säule und Stütze der Wahrheit ist und daß gegenüber der Kirche und außer der Kirche man weder vollkommene Wahrheit, noch fruchtbringende Liebe besitzen oder erhalten kann." Er glaubt, daß die Italiener mit ihm an allen Punkten des katholischen Bekenntnisses festhalten, daß sie nicht mit Gleichgültigkeit ihre rechtmäßigen Hirten in den heiligen und religiösen Sachen hören, daß sie der geistigen Autorität des römischen Papstes ergeben sind und mit Augustin in ihr den Weinstock, unter den man sich sammeln soll, sehen und den Felsen, den die Pforten der Hölle nicht überwältigen werden. Dennoch muß er klagen: „Wer ist so blind, so kurzsichtig, daß er nicht einsieht, daß das italienische Volk der Gefahr entgegengeht, das Paradies der Kirche zu verlassen? Daß diese Gefahr nicht entfernt, sondern nahe liegend, nicht gering, sondern sehr groß ist? Eine große Zahl Italiener haben sich schon offen oder im Stillen von dieser Mutter getrennt, die so einer Schaar auserwählter Kinder beraubt ist; ein großer Theil des Klerus ist in Streit mit der Mehrzahl der Laien; fast alle Hirten sind von ihrer Heerde getrennt und der Hirt der Hirten selber, der Nachfolger des heiligen Petrus, der erhabene Stellvertreter Christi auf Erden, schleudert Censuren und Excommunication gegen das italienische Königreich und gegen die italienische Gesellschaft. Man möchte fast glauben, daß die Bischöfe von der Doppelgewalt, zu binden

---

¹) Vergl. Neue Evang. Kirchenzeitung 1862. Nr. 23 ff.

und zu lösen, nur die, zu binden, bewahrt haben; so einstimmig
sind sie, das zu verurtheilen, zu verwerfen und zu verdammen,
was alle Italiener, jedes Alters und jedes Standes, sehnlich verlangen." Der Papst wird beschworen, in die „Trennung des
Scepters und der Schlüssel, der priesterlichen Tiara und des
königlichen Diadems zu willigen" und so dem Aergerniß ein Ende
zu machen, durch welches Italien der katholischen Kirche und ihrem
Oberhaupt entfremdet wird. Wer sich über Passaglia, seine
Schriften und seine Partei näher unterrichten will, den verweise
ich auf die ausführlichen und sehr interessanten Mittheilungen in
dem Aufsatz: „Pater Passaglia und der Passaglismus in Italien"
(Prot. Monatsblätter 1861. S. 293 ff.), nach welchem ich obige
Sätze gegeben habe. Der Verfasser desselben läugnet mit vollem
Recht, daß die von P. angeregte und vertretene Bewegung etwas
Evangelisches oder Protestantisches an sich habe; dagegen meint
er, daß sie wohl zu einem Schisma vom Papste, zu einer katholischen Nationalkirche führen könne. Man muß eine solche Möglichkeit zugeben, doch glaube ich, daß sie an Wahrscheinlichkeit
verloren hat, seit Passaglia ein so entschiedener Führer und Wort-
führer der Partei geworden ist, die gegen das weltliche Papstthum ankämpft. Bei der Liebe für das geistliche Papstthum und
die Einheit der Kirche, welche er ausspricht, wird er auch sein
Möglichstes thun, die Bewegung in der Bahn zu erhalten, in
welcher sie bis jetzt vor sich geht und sein Einfluß wird stark
genug sein, um seine Partei vor Ausschreitung zu bewahren,
wenn nicht die Ereignisse allzu gewaltig nach einer anderen Richtung drängen. Gleichgültigkeit gegen das geistliche Papstthum ist
weit verbreitet; aber eine starke katholische Strömung, welche ein
Schisma erwarten ließe, ist bis jetzt noch nicht vorhanden, am
wenigsten im Klerus. Es ist noch ein sehr großer Schritt vom
Widerspruch gegen die weltliche Macht bis zur offenen Los-
sagung von der geistigen Autorität des Papstes; ich glaube nicht,
daß viele der italienischen Kleriker ihn thun werden. Ihre Opposition wurzelt ja in nationalem Interesse; mag denn auch die
Person des Papstes ihnen entfremdet werden durch seine Politik,

der Haß trifft doch seine geistliche Würde nicht. Doch der Bericht=
erstatter hat gewiß Recht, wenn er zum Schluß sagt: „Welches
Resultat diese Bewegung im Klerus haben wird, ist eben noch
gar nicht abzusehen. Es liegt auf der Hand, daß der Eine sie
für einen Feind im eigenen Lager, der Andere für den einzigen
Retter aus der Noth erklärt, daß ebenso unter den Gegnern des
Papstthums jener mehr den inneren Zwiespalt ins Auge faßt,
dieser gerade aus den neuen Tendenzen dem Papstthum neue
Macht erwachsen sieht. So kann denn unsere Antwort nur ein
einfaches „Wir wissen es nicht" sein."

In einem Punkte aber kann ich dem Berichterstatter nicht
völlig beistimmen. Ich glaube nicht, daß er Passaglia, wohl aber,
daß er seine Partei überschätzt. Mit gutem Grund vertheidigt
er jenen gegen den Verdacht, als lasse er sich von Turin her
bestechen. Passaglia hat kein anderes Interesse, als die Spannung
zwischen Papstthum und Italien, die ihm tiefen Schmerz bereitet,
nach Kräften aufzuheben; er handelt und schreibt als treuer Ka=
tholik, er will dem Papste retten, was zu retten ist. Das Papst=
thum ist ihm jedenfalls Dank schuldig, daß er in einer Zeit, wo
viele Italiener ihm entfremdet werden, die Fahne des Katholi=
cismus und des römischen Primats hoch hebt. Der Jesuit ver=
läugnet sich nicht; besonders in dem Programme der Wochen=
schrift, welche Passaglia redigirt, trat er mir entgegen. Sie heißt:
„der Mittler." Man würde sich sehr irren, wenn man bei dieser
Aufschrift an den Heiland der Welt denken wollte. Es handelt
sich in diesem giornale politico, religioso, scientifico, letterario
um eine Vermittelung aller möglichen Gegensätze, um die Har=
monie des razionale und soprarazionale, des naturale und des
sopranaturale, der materiellen, intellectuellen, moralischen und re=
ligiösen Ordnung. Der Katholicismus soll recht süß gemacht
werden; er will sich einschmeicheln in die Herzen, indem seine
Ecken und Härten mit feiner Kunst bedeckt werden[1]). Es ist gegen

---

[1]) In einer piemontes. Zeitung (vgl. Prot. Monatsbl. 1860. S. 189) hieß
es im Jahre 1850: „Ein neuer Voltairianismus steht auf im Jesuitismus,
der zuletzt zu vollständigem Indifferentismus führt, weil der Jesuit die Kunst

Passaglia gewiß nichts Anderes zu sagen, als was gegen den
Katholiken und Jesuiten als solchen gesagt werden muß. Die
Interessen, welche er als solcher hat, verficht er mit Wärme und
Ernst. Wenn aber in dem genannten Aufsatz gesagt wird: „Daß
seine Ansichten von unzähligen Klerikern Italiens getheilt werden,
die, wie er, Alles zu verlieren, Nichts zu gewinnen haben, die
aber die Liebe für ihr Volk, wie für ihre Kirche, über äußere
Bedenken erhebt, hat sich längst schlagend gezeigt," so muß ich
doch darauf hinweisen, daß mir sehr viele Kleriker seiner Partei
innerlich ganz anders zu stehen scheinen, als Passaglia. Allerhand
unreine Motive blicken durch ihre Opposition durch. Man lese
z. B. das Organ des liberalen Klerus des südlichen Italiens, die
Colonna di fuoco. Der Sache nach stellt es sich wie Passaglia;
aber von dem Schmerz über die der Kirche drohende Gefahr,
von der tiefen Bewegung, mit welcher dieser den Kampf führt,
ist dort wenig zu spüren. Liebe für ihre Kirche und Liebe für
ihr Volk scheinen mir gar viele seiner Anhänger nicht zu haben:
solche Liebe führt eine andere Sprache. Hier findet man Rai-
sonnements, die nur von der Oberfläche der Seele ausgehen und
eher auf Gleichgültigkeit gegen die katholische Kirche und ihr Oberhaupt und auf dies oder jenes persönliche Interesse, als auf einen
ernsten Katholicismus schließen lassen[1]).

---

besitzt, seine Dogmen, sein Paradies und seine Hölle dem Geschmacke eines
Jeden zu accommodiren und das in der Religion Wesentliche auf einfache Acte
der Convention zu reduciren."

[1]) Es möge hier eine Stelle aus einem Briefe Platz finden, den mir ein
evangelischer Italiener geschrieben hat, welcher ein aufmerksames Auge für die
religiöse Bewegung seines Landes hat. „Neben dieser positiven Bewegung,
von welcher ich Ihnen geschrieben habe, giebt es auch eine gewisse Erregung,
ich möchte sagen eine velleità di riforma, welche sich inmitten des katholischen
Klerus kund thut; aber auf sie ist wenig oder gar nicht zu rechnen, von ihr
ist nichts zu hoffen. Die sogenannten gemäßigt-liberalen Priester, welche auf
die Losung des Jesuiten Passaglia hören, nebst einigen Bruchtheilen aus dem
exaltirtesten niederen Klerus repräsentiren — mit einigen achtungswerthen Ausnahmen — durchaus nicht das Ideal der Heiligkeit. Die Einen stehen, während
sie eine Modification der kirchlichen Disciplin wünschen, dann inconsequenter

Die Partei Passaglia's ist ein guter Ableiter für die liberalen Priester und Laien, welche die nationale Begeisterung oder irgend ein Interesse zum Kampf gegen das weltliche Papstthum hinriß und zu einer scheinbaren Annäherung an die Fahne des Evangeliums führte. Man klage nicht darüber, daß Viele, welche der katholischen Kirche abtrünnig zu werden drohten, nun sich zu Passaglia sammeln. Sie würden die Gemeinde der Evangelischen nur äußerlich verstärkt, innerlich aber geschwächt und getrübt haben.

So viel steht fest, daß die evangelische Bewegung seit ihrem Beginn in immer ruhigere Bahnen eingetreten ist und sich immer klarer geschieden hat von dem, was ihr verwandt zu sein schien. Ich glaube sagen zu dürfen: Es besteht kein Durcheinander und Ineinander der evangelischen und der politischen Bewegung.

Noch einen anderen Unterschied muß ich hervorheben. Man darf nicht etwa glauben, daß die evangelische Bewegung in Italien zusammenfalle mit einem freigeistigen Widerspruch gegen die römische Kirche, mit einer nur protestirenden, dem bestehenden Kirchenwesen feindlichen Richtung. Sie verdient ihren Namen. Sie hat ein positives gläubiges Bekenntniß und macht keine Gemeinschaft mit den zahlreichen Freunden des Zerstörens und Abbrechens. Die Zahl der Katholiken, welche von Herzen und mit klarem Bewußtsein der katholischen Kirche ergeben sind, ist nicht sehr groß in Italien. Die Meisten erfüllen entweder gedankenlos ihre Pflichten gegen die Kirche oder, wenn sie denken und Anspruch auf Bildung machen, so stehen sie vornehm über allem Aberglauben und Glauben der Anderen. Sie sprechen vielleicht von Papstthum und Priesterschaft als einem Hemmschuh alles politischen und socialen, alles intellectuellen und sittlichen Fortschritts. Murren und Lächeln über mancherlei Satzungen und

---

Weise in absolutem Gegensatz gegen eine radicale Reform des Dogma's und die Anderen werfen Katholicismus und Christenthum zusammen und läugnen Alles. Man weiß mit Sicherheit, daß das Ziel dieser neuen Vorkämpfer der Reform durchaus kein religiöses, sondern ein einfach politisches und für Viele die Ungebundenheit ist."

Lehren der Kirche, über Beichte und Cölibat, über die aber=
gläubischen Gebräuche und Gottesdienste ist kein seltenes Ding
und wenn man etwa Alle evangelisch nennen wollte, welche eine
gründliche Verachtung ihrer Priester aussprechen, dann würden
nicht viele Katholiken in Italien übrig bleiben[1]). Aber evange=

---

[1]) Von italienischer Polemik gegen die römische Kirche und besonders gegen
den Klerus giebt ein interessanter Aufsatz in den Protest. Monatsblättern 1860.
Sept. S. 169 ff. eine reiche Blumenlese unter der Aufschrift: „Die piemonte=
sische Presse gegenüber Papstthum und Katholicismus. In den Jahren 1850
bis 1858." Da heißt es z. B.: „Die gazetta del popolo schmiedet die großen Keile, welche zumeist für die unteren Stände berechnet sind; in einem
Abschnitte unter der Ueberschrift: Sacco nero, bringt sie Tag für Tag einige
Scandalosa aus dem Leben der Priester." Besonders interessant ist es, die
ausführlichen Mittheilungen zu lesen, die aus den sogenannten „Sonntags=
predigten" des Bianchi Giovini in der Zeitung Unione gegeben werden und
aus anderen Aufsätzen desselben Mannes. Aus den kritischen Randbemerkungen
des Berichterstatters, die mit dem oben Ausgeführten in vollem Einklang stehen,
hebe ich einige Sätze hervor. Er schreibt: „Sehr bemerkenswerth und den
Standpunkt der Opposition bezeichnend ist dabei, daß, wie schon erwähnt, die
wichtigsten innerlichen, besonders soterologischen Unterschiede zwischen Rom und
dem Evangelium als dunkel und verwirrend bei Seite gesetzt werden, während
die aus diesen innerlichen Grundirrthümern hervorgehenden Auswüchse alle
unter das Secirmesser fallen. Fast allen jenen praktischen Consequenzen inner=
licher Verkehrtheiten, dem Heiligenbilder= und Reliquiendienst, den Wallfahrten
und Mönchsgelübden, der Marienverehrung, der Ohrenbeichte, dem Cölibat,
dem Ablaßwesen u. s. w. sind besondere Aufsätze gewidmet oder sie werden doch
nebenbei scharf mitgenommen." — „Man sollte denken, es würden sich jene
Leute zur evangelischen Kirche, die sie dann natürlich besonders als protestantische, in mehr oder weniger rationalistischer Verwässerung faßten, in hohem
Grade hingezogen fühlen. Aber dem ist nicht so. Wenn die große Masse
vielleicht nur deshalb von einer evangel. Kirche nichts wissen will, weil diese
ein exotisches Gewächs sei und in der Nacktheit ihrer Formen und Gebräuche
dem italienischen Volkscharakter nicht angepaßt werden könne, so haben Männer
wie Bianchi Giovini auch zu viel geschichtlichen Sinn, um zu verkennen, daß
das Wesen der evangelischen Kirche nicht in der Protestation gegen die römische
Kirche bestehe, sondern gerade in den Grundlehren der heiligen Schrift und
in dem festen Bestehen auf dieser heiligen Schrift selbst. Aber mit diesen
Grundlehren des ewigen Heils, wie mit dieser Normirung allein durch die
Schrift, können sie sich nicht wohl befreunden." — Man muß die Polemik
italienischer Schriftsteller gegen den zeitigen Katholicismus wohl prüfen, ehe

lischer Sinn kommt in alledem nicht zum Vorschein, sondern bei den Einen die Abneigung gegen unwürdige Personen und unbequeme Lasten, bei den Anderen — und ihrer sind gar Viele — völlige Gottlosigkeit, völliger Unglaube. Sie haben das Christenthum nur in der Form eines sehr entarteten Katholicismus gekannt. Mit der Achtung vor der Auctorität der katholischen Kirche fällt für Viele das ganze Christenthum, aller Glaube. Ihr scheinbarer Protestantismus ist nichts Anderes als eine Unterdrückung alles religiösen Gefühls. Freches Läugnen aller christlichen Wahrheit oder Gleichgültigkeit gegen alle Religion ist unter den Gebildeten weit verbreitet. Eine oberflächliche skeptische Philosophie und sittlicher Leichtsinn reichen einander die Hand. Viele halten die Religion für ein völlig überflüssiges Ding, Andere meinen sie wenigstens für sich selbst entbehren zu können, wenn sie ihr auch für das geringe Volk noch eine gewisse Bedeutung zugestehen. Solche freigeistige Feinde des Katholicismus sind fern vom Reiche Gottes, aber auch fern von der evangelischen Gemeinde Italiens. Die Polemik, welcher diese zu ihrer eigenen Erbauung der römischen Kirche gegenüber bedarf, zieht sie wohl oft an, aber die fremden Stoffe scheiden sich bald wieder aus. Viele Evangelisten haben es erfahren, daß große Schaaren zu ihnen strömten, so lange sie sich auf Controverse beschränkten, daß aber nur ein kleines Häuflein übrig blieb, wenn sie eingehend den Weg des Heiles verkündigten. Den Meisten ist das Evangelium eine zu harte und zu thörichte Rede.

Nachdem ich nun die evangelische Bewegung als eine von der politischen und von einer freigeistigen oder überhaupt rein polemischen Strömung verschiedene charakterisirt habe, könnte ich weiter ihr Bekenntniß als ein evangelisch-christliches den mancherlei Schattirungen gegenüberstellen, in welchen wir aller Orten religiöses Bekenntniß vorfinden. Zwischen christlichem Offenbarungsglauben und Atheismus giebt es ja so manche Stufen religiöser

---

man sie als ein erfreuliches Zeichen der Zeit preist. Von den verschiedensten Standpunkten aus wird solche Polemik geübt, aber nur in seltenen Fällen ist evangelischer Glaube ihre Quelle.

Erkenntniß und Gesinnung. Es kann eine religiöse Bewegung eintreten, die doch den Boden des Christenthums preisgiebt. Ich läugne auch nicht, daß Mittelstufen des Deismus, des Pantheismus und andere, die des Religiösen nicht völlig baar sind, auch in Italien sich finden. Es theilt sich nicht allein unter götzendienerischen Aberglauben und gottlosen Unglauben. Sind doch auch fast alle philosophischen Schulen Deutschlands in Italien vertreten. Aber abgesehen davon, daß von einer religiösen Bewegung solchen Charakters wenig Spuren da sind und neben dem Aberglauben und völligem Unglauben der Indifferentismus gewaltig in den Vordergrund tritt, genügt hier die Bemerkung, daß die evangelische Bewegung an dem Grunde, der in Christo gelegt ist, festhält. Sie muß daher auch eine sittliche Bewegung sein, aber sie läßt sich wieder unterscheiden von den Aeußerungen des Humanismus oder Moralismus.

## Zweites Capitel.

Ist das italienische Volk vorbereitet für eine evangelische Bewegung? Italien ein Land der Todten? Hoffnungen für seine Zukunft. Das sittliche und religiöse Leben der Gegenwart. (Der italienische Klerus.) Entmuthigungen und Ermuthigungen. Die Erfolge der Evangelisation klein und doch groß.

---

Welche Aussichten — so fragen wir nun weiter — hat eine evangelische Bewegung im italienischen Volke? Ich muß, um darauf zu antworten, mit einigen Zügen sein sittliches und religiöses Leben schildern.

Ein geistreicher französischer Schriftsteller[1]) hat vor einigen Jahren ein interessantes Buch betitelt: L'Italie est-elle la terre des morts? und in demselben auf diese Frage mit einem entschiedenen Nein! geantwortet. Er bemüht sich, die Lebenskraft der Nation besonders in ihrer neueren Litteratur und Kunst aufzuweisen und in bedeutenden Persönlichkeiten, die Italien hervorgebracht hat. Etwas anders spricht Gavazzi, der allerdings zunächst an das politische Volksleben denkt. Er sagt in einer Stelle, welche mir der Mittheilung werth zu sein scheint: „Italien ist ein Land der Todten! — So sagen unsere Feinde und fürwahr! sie haben ihr Möglichstes gethan, um es zu einem Land der Todten zu machen. Aber Italien stirbt nicht, denn es kann nicht sterben! Italien, welches zweimal von einem Tode, der ihm aufgezwungen und nicht sein eigener Tod war, auferstanden und

---

[1]) Marc Monnier.

zweimal der ganzen Welt eine neue Civilisation gegeben hat, Italien that seit langen Jahren, als schliefe es den Todesschlaf! — Es war im Grabe verschlossen: der Priesterkönig hatte ihm die Exequien gesungen und die letzte Absolution ertheilt: die Schergen der Bourbonen, vereinigt mit denen des Kroaten, hielten Schild= wache an diesem Grabe, damit Niemand sich nahe: sie hatten ringsum eine Kirchhofsstille geschaffen und sie nannten sie Ord= nung und Frieden der Restauration: die Spione der Despoten prüften selbst die Mienen derer, die sich nahten, um aus ihnen die Gedanken und Empfindungen derer zu erkennen, die das Grab der gemeinsamen Mutter aufsuchten! — Aber Italien stirbt nicht! — Es that als schliefe es und wartete auf den Augenblick der Auf= erstehung." Gern will auch ich glauben und sagen: Italien ist nicht ein Land der Todten! aber auch seit es zu neuem politischen Leben erwacht ist, scheint es mir noch zu schlafen und zu warten auf den Augenblick der Auferstehung. Trotz der äußerlichen Lebhaftigkeit und Liebenswürdigkeit des italienischen Volks und trotz manchen bedeutenden Leistungen einzelner Männer, ist doch von Leben in einem tieferen Sinne, ich sage nicht im tiefsten Sinne, wenig zu spüren; zumal im südlichen Italien, während im Norden ein frischer Hauch zu wehen beginnt und viel Leben zu wecken verspricht. Was aber auch für Kräfte sich regen mögen, das sittliche und religiöse Leben liegt in ganz Italien tief dar= nieder. Der Mangel an Schulbildung und wissenschaftlichem Sinne, welcher im Süden so groß ist, daß eine gränzenlose Un= wissenheit und die Unfähigkeit zu lesen und zu schreiben bis in die besseren Stände hineinreicht, ist wohl eine schwere Volksnoth und auch ein großes Hinderniß der Evangelisation. Aber bei seinen hervorragenden Fähigkeiten würde dies Volk bald nach= holen können, was ihm nach dieser Seite fehlt, wenn der Mangel seinen Grund nur in der Ungunst äußerer Umstände und nicht in einer sittlichen Verirrung des Volks gehabt hätte. Im süd= lichen Italien ist der Sinn für irgendwelche geistige Bildung, die nicht sogleich Zinsen in Geldgewinn abwirft, noch wenig ge= weckt. In Neapel wurde im vorigen Jahre von einem Patrioten den Großen und Kleinen in der bequemsten Weise eine Gelegenheit zur Ausbildung im Lesen und Schreiben und Rechnen geboten. Es war ein gut berechnetes Entgegenkommen, daß er um der Vorliebe willen, die der Neapolitaner für die Straße und für ungezwungenes Leben hat, in einer (nicht allzu belebten) Gasse einen Lehrer mit dem nothwendigen Apparat aufstellte, um in den Nachmittagsstunden jedem, der lernen wollte, Anleitung zu geben. Obwohl der Unterricht nicht nur unentgeltlich war, sondern sogar den Schülern tägliche und wöchentliche Prämien in Aussicht stellte, sah man doch nur in der ersten Zeit einige alte und junge Schüler zu den Füßen des Lehrers sitzen. Sie fanden dann doch das Geldstück, um welches es ihnen zu thun war, allzu theuer erkauft und der Lehrer wartete bald vergeblich auf seinem Posten. Nicht der Mangel an geistiger Bildung, nicht die Unvollkommenheit der politischen Neugeburt, nicht irgendwelche äußere Zustände und Entbehrungen, sondern der sittliche Tod ist der große schwere Schade des Volks und leider erkennt es noch zu wenig den tieferen Grund aller seiner Noth. Die nationale Eitelkeit ist so groß, daß auch die Besseren nicht leicht die Wunden ihres Volks in ihrer ganzen Gefährlichkeit erkennen und aufdecken. Mit dem Mantel eitler Schmeichelei deckt man sie zu. Die so tief gesunkenen Neapolitaner kennen ihren Zustand so wenig, daß sie sich den Piemontesen gegenüber nicht als Empfänger bildender Kräfte fühlen, sondern sich eher zu ihrer Erziehung berufen dünken. Als sie von dem Druck bourbonischer Herrschaft befreit waren, da jauchzten und jubelten sie, daß nun alle Noth beendet sei und sie zur ersten aller Nationen geworden. Im Großen und Ganzen bietet das italienische Volk noch ein trauriges Bild. Die nationale Bewegung deckt dem aufmerksamen Beschauer eher die sittliche Zerfahrenheit auf, als daß sie als ein Gegenbeweis gelten könnte. Ich möchte sie nicht verglichen wissen mit der nationalen Erhebung, von welcher unsere Freiheitskriege Zeugniß ablegen, auch nicht als ein Vorbild ansehen für das deutsche Volk der Gegenwart. Um an dieser Stelle nicht in politische Betrachtungen überzugehen, will ich nur den begeisterten Bewunderern der italienischen Revolution, deren Resultat übrigens noch sehr in der Schwebe ist, entgegenhalten, daß die edle Kraft, welche in ihr zur Erscheinung gekommen ist, von einigen patriotischen Helden ausgegangen ist, während daneben eine dunkle Masse von Gleichgültigkeit und Trägheit, von Untreue und Corruption, von Habsucht und Selbstsucht, von Menschenfurcht und Menschengefälligkeit, von Unbeständigkeit und Haltlosigkeit das Auge verletzt. Man kann so reden, ohne die schwere Schuld, durch welche die Machthaber Gerichte auf sich gezogen haben, zu läugnen. Ich habe mich mit diesen Bemerkungen nicht von der Aufgabe, den sittlichen Zustand des italienischen Volkes zu prüfen, entfernen wollen. Es kam mir hier nur darauf an, im Interesse der Wahrheit den Schein sittlicher Kraft, welchen es in Vieler Augen durch die Ereignisse der letzten Jahre gewonnen hat, in das rechte Licht zu stellen.

Es könnte scheinen, als ob die ganze Anlage und Begabung des Volks einer sittlichen Entwickelung nicht günstig wäre. Man kann leicht den Eindruck empfangen, als sei es zum Leichtsinn, zu spielendem und genießendem Leben, zu oberflächlichem Treiben geboren. Tiefe des Gefühls und Ernst des Willens scheinen zu mangeln: Verstand und Phantasie herrschen. Aber wo der Volkscharakter sich in seiner Reinheit zeigt, da erkennt man eine gute Kehrseite von dem allen und wird in dem Glauben bestärkt, daß auch dieses Volk berufen ist zur Klarheit und Herrlichkeit in Christo. Ehe ich weiter die Entartung schildere, in welcher das italienische Volk jetzt dahin lebt, muß ich mit einigen Worten darauf hinweisen, daß es ein ganz besonders reiches Pfund empfangen hat und wenn es sich auf sein besseres Wesen besinnen wird, eine hohe Stelle unter den Völkern einnehmen kann. Die herrlichen Gaben, welche jetzt im Dienst der Eitelkeit stehen, seine reiche und kräftige Natur, welche durch böse Erziehung verdorben ist, werden dann in ganz anderer Weise dies Volk zieren, als es noch heute äußerer Adel, äußere Schönheit und Anmuth thut. Es tritt wohl kaum in einem anderen Volke so sehr der Contrast zwischen dem Reichthum göttlicher Gaben und menschlicher Ver=

irrung entgegen. Aber wie falsch es ist, dem italienischen Volke eine schöne Zukunft für sein sittliches und religiöses Leben abzusprechen, wie falsch es ist, in seiner natürlichen Anlage einen Widerspruch gegen evangelische Bildung und Sitte zu erkennen, wie herrlich evangelisches Christenthum und italienische Natur zusammenstimmen, das beweisen Hunderte von Männern, die ganz Italiener und ganz Christen sind. Man lese die Geschichte der Madiai's und anderer Märtyrer des evangelischen Glaubens! Wer die italienischen Gläubigen sieht, muß sich freuen an ihrer durch Gottes Gnade verklärten Natur[1]). Die evangelischen Christen Italiens sind meist arme, geringe Leute: aber von welchem inwendigen Reichthum und welcher Hoheit legen die Gebete und Schriftauslegungen Zeugniß ab, die man aus ihrem Munde hört! Wie ist in ihnen Gottes Wort kräftig und lebendig geworden! Evangelische Innigkeit und Freudigkeit der ersten Liebe ist unter ihnen zu Hause. Man beruft sich wohl, um zu zeigen, daß die romanischen Völker und insbesondere die Italiener für evangelisches Christenthum keine Disposition hätten, auf die schnelle und völlige Ausrottung der Saat, welche im 16. Jahrhundert dort aus dem Evangelium hervorgegangen war. Aber man bedenke

---

[1]) Von geistiger Beweglichkeit im Dienste des Evangelii erzählt die Buona novella 1862. Nr. 9 ein hübsches Beispiel. In einer Controversversammlung zu Neapel war die Rede von der Bilderverehrung. Ein Litterat führte aus, man könne sich Gott nur in menschlicher Gestalt vorstellen, müsse ihn also auch in menschlicher Gestalt darstellen. Ein Mann aus dem Volk antwortete ihm in neapolitanischem Dialect mit folgender Parabel, die er improvisirte: „Es war einmal ein Blinder, der niemals eine menschliche Gestalt gesehen hatte, da er blind geboren war: er wollte Gott erkennen lernen und fragte, wo er sei. Man führte ihn in eine Kirche, stellte ihn vor Bilder und Statuen und sagte ihm: Hier ist er vor Dir. Der Blinde antwortete betrübt: ich sehe nichts; soll ich zur Verdammniß sterben, weil ich nicht sehe? Unterdeß kam ein evangelischer Christ und sprach zu ihm, die Bibel in der Hand, von der Anbetung im Geist und in der Wahrheit, von der Liebe Gottes, von Jesu, von seinem Opfer. Fröhlich rief der Blinde aus: Jetzt sehe ich, jetzt sehe ich." „Wohlan" — fuhr der Erzähler fort — „da seht ihr einen Menschen, der niemals eine menschliche Gestalt gesehen und doch Gott geschaut hat! Wozu brauchen wir Bilder!"

zuerst, wie das rasche Aufblühen evangelischen Glaubens auf das Gegentheil hinweist[1]) und vergesse dann nicht, daß die Blüthen ohne allen Schutz den furchtbarsten Stürmen preisgegeben waren, Verfolgungen, denen sich kaum ähnliche an die Seite stellen lassen. — Noch ein ermuthigendes Zeichen will ich hervorheben, auf das ich großes Gewicht lege. Ich habe in Neapel vielfach italienische Kinder beobachten können, welche unter den Einfluß evangelischer Erziehung gestellt waren. Es waren meist — ich möchte sagen: Kinder von der Straße genommen, Kinder ohne alle Zucht und Sitte. Es schien anfangs, als würde es nie möglich sein, sie zur Ordnung und zu allem Guten zu erziehen. Aber wie schnell ging eine Umwandelung mit ihnen vor! Wichtiger als ihr leichtes schnelles Lernen war mir die Erfahrung, daß ihr ganzes Leben bis auf den Ausdruck ihres Gesichts bald lieblicher wurde, daß sie sich sichtlich wohl fühlten unter dem Walten evangelischer Liebe und Zucht und ihr Herz willig öffneten einem Geiste, der ihnen zuvor fremd war. Etwas Schöneres kann man sich kaum vorstellen als solche dem Verderben entrissene und nun die ganze Herrlichkeit italienischer Natur offenbarende Kinderseelen. Ich möchte, daß meine Leser diese erquicklichen Erscheinungen nicht vergäßen, wenn ich ihnen nun weiter ein trauriges Bild von dem in Italien herrschenden Geiste entwerfen muß. Dann werden sie auf das entartete Volk nicht nur mit barmherziger Liebe sehen und mit herzlichem Verlangen Hülfe zu bringen, sondern auch mit freudiger Hoffnung, daß der Herr noch Großes an ihm thuen und die Gefangenen erlösen wird zu der herrlichen Freiheit der Kinder Gottes. „Gott sei Dank, — heißt es in einem Briefe in den Prot. Monatsbl. 1861. Jan. S. 68 — Italiens Volk hegt noch eine Kraft in sich, die unberechenbar ist." „Das edle Volk ist noch im tiefsten Grunde dasselbe, welches im sechzehnten Jahrhundert Hunderte der edelsten Bekenner, der herrlichen Glaubenszeugen geliefert hat." Auch ich habe noch Glauben an das ita=

---

[1]) Vgl. z. B. Leopold Ranke: „Die römischen Päpste." Th. I. S. 134 ff. — Witte: „Das Evangelium in Italien" S. 1—11.

lienische Volk, ob ich gleich seine gute Kraft unter vielem bösen Schutt begraben sehe.

Ich kehre zu der Aufgabe zurück, mit einigen Strichen den sittlichen Zustand des Volkes zu zeichnen. Meine Anschauung habe ich besonders in Neapel gewonnen, und ich freue mich sagen zu dürfen, daß es dem Norden zu, wenn auch nicht wesentlich anders, doch in jeder Beziehung etwas besser steht. Ich will nicht lange bei einzelnen Verirrungen verweilen. Lug und Trug sind so heimisch in Italien, daß die größere Wahrhaftigkeit der Fremden fast wie Dummheit angesehen wird und daß kaum zwischen Freunden rechtes Vertrauen herrscht. Pietät irgend welcher Art, Hingebung, Treue sind seltene Tugenden. Das gar leicht genommene Morden hat bei aller Grausamkeit einen Beigeschmack von Feigheit[1]). Trägheit und Erschlaffung ist überall sichtbar. Selbstsucht und Weltsucht sind schrankenlos. Was sollen wir essen? Was sollen wir trinken? Womit sollen wir uns kleiden? Das sind fast die einzigen Fragen, die dieses Volk beschäftigen. Nichts nimmt wohl die Gemüther so in Anspruch, als die wöchentlich wiederkehrenden Lotterien, denen sich die Seele im Wachen und Schlafen zuwendet. Ideale Güter kennt man kaum; um das Gestern und Morgen kümmert man sich wenig, es gilt nur, dem Heute recht viel sinnlichen Genuß abzugewinnen. Doch ich will dieses Sündenregister nicht weiter verfolgen. Man könnte mir auch sagen, anderswo stehe es nicht viel besser, das sei eben das Treiben der Welt diesseits und jenseits der Alpen. Aber ich will in der Kürze sagen, was mich für jene am Rande des Abgrundes sorglosen, leichtsinnigen Völker besonders bange macht: das ist die völlige Verirrung und Verwirrung des Gewissens, die völlige Erstorbenheit des sittlichen

---

[1]) Ein Artikel der piemontesischen Zeitung „Unione" (vergl. Protestant. Monatsbl. 1860 Sept. S. 177) behauptete im Jahre 1855, daß im römischen Staate ein Mord auf 750, in Neapel auf 2750 Einwohner komme, dagegen in Preußen ein Mord auf 100,000, in England auf 178,000. Nach demselben Blatte sollen in Rom auf 100 eheliche Geburten 243 uneheliche kommen. Diese Zahlen mögen sehr falsch sein, aber so viel ist wahr, daß in beiderlei Beziehung die Statistik für Rom und Italien sehr ungünstig ist.

Gefühls, die große Falschheit des Gemüths. Eine Nathanaels=
seele ohne Falsch findet man nicht leicht in Italien, besonders
im südlichen Theile. Man ist nicht aufrichtig gegen andere Men=
schen, nicht aufrichtig gegen sich selbst, nicht aufrichtig gegen Gott.
Da liegt der tiefste Schaden des italienischen Volkes. Ich will
hier ein Wort eines italienischen Schriftstellers anführen, das zwar
eine Rüge über alle Völker ergehen läßt, aber ganz besonders das
italienische trifft. Ein verbannter Toskaner schrieb vor einer Reihe
von Jahren in einem an den toskanischen Klerus gerichteten scho=
nungslosen, aber nicht lieblosen Buche, das große Wärme für
das Evangelium und für Italien zeigt: „Ich hörte im Dom zu
Florenz die Fastenpredigten des Pater Giulio. Jeder Toskaner
kennt die Begeisterung, welche er erweckt hat. Oft weinte die
ganze Zuhörerschaft, oft mußten wir uns daran erinnern, daß wir
in einer Kirche waren, um nicht wie im Theater zu klatschen.
Aber es war Niemand, der eigentliche Erbauung davon getragen
hätte; es gab nur Speise für Auge und Ohr und Phantasie,
rhetorisches Flittergold und weiter nichts. Als ich sah, daß er
ungestraft, ja unter vielem Beifall das sittliche Gesetz überschreiten
durfte, nach welchem die Worte für die Gedanken da sind und
die Gedanken für das Herz und Leben, da fing ich an, nachzu=
denken über den großen Schaden, welchen es mit sich bringt, daß
die Menschen den Gedanken von sich selbst, die Religion vom
Gefühl, die Schule vom Leben, den Ausdruck vom Gedanken
scheiden. Darum wird in den gebildetsten Ländern das Leben zu
einer beständigen Komödie und dem Wort wird aller Glaube ge=
nommen." Es ist wahr, wir haben auch in unsern Ländern ge=
nug Anlaß zu solchen Betrachtungen, aber in ganz besonderer
Weise muß Italien sie anregen. Jener Schriftsteller selbst fügt
hinzu, daß „solches Unheil in Italien vielleicht älter und an=
steckender" sei als irgendwo. Das ganze Leben der Italiener ist
voll von Komödie und leer an Gewissen. Die Komödien, welche
dort gespielt werden im Großen und im Kleinen, haben oft ihre
komische Seite, aber auch eine tief tragische. Ich will auch jener
gerecht werden, indem ich eine scheinbar geringfügige, aber doch

charakteristische Einzelheit anführe. Fremde werden oft Gelegenheit haben zu erfahren, daß Neapolitaner irgend ein schönes Eigenthum, irgend eine Kostbarkeit, die man bewundert, sofort als Geschenk anbieten. Es ist nicht so ernst gemeint. Ich weiß von einem Falle, wo ein Fremder, der sich zu ihrer Erziehung berufen fühlte, die kostbare Uhr eines Neapolitaners zur Strafe seiner Unwahrheit scheinbar annahm, nachdem sie ihm auf's Dringendste angeboten war. Tage lang behielt er sie und ergötzte sich an der Herzensangst, mit welcher der Neapolitaner ihn umschlich, bis er sie wieder erhielt. Wenn nur diese Anekdote nicht so charakteristisch wäre für die tiefe Unwahrheit, welche in dem italienischen Herzen und Leben herrscht!

Man kann sich freilich über den sittlichen Zustand des italienischen Volks nicht so sehr wundern, wenn man an die Leitung und Erziehung denkt, die ihm gegeben worden ist, wenn man insbesondere die geistlichen Hirten und Lehrer ansieht, unter deren Einfluß es steht. Es ist hier am Orte, einige Worte über den italienischen Klerus zu sagen, nicht um ihn eingehend zu charakterisiren, sondern um zu bestätigen, daß er noch nicht leicht zu schwarz geschildert worden ist. Die Betrachtung des Klerus, so traurig sie ist, hat doch etwas Ermuthigendes. Ueberzeugt man sich, daß von den zum Lehren der Wahrheit Berufensten Gottes Gesetz verhüllt und die Stimme des Gewissens fast ertödtet worden ist, so muß man im Urtheil über das italienische Volk, ob es gleich keine Entschuldigung hat, milder werden. Die Italiener sind irre geleitet, sie wissen nicht, was sie thun. Daher läßt sich trotz des großen Verderbens von der Predigt der Wahrheit etwas erwarten und läßt sich von dem gesunkenen Volke noch mit Hoffnung reden. Wie groß der Abstand zwischen dem Klerus Italiens und dem nördlicher Länder ist, geht schon aus der einen Thatsache hervor, daß mehrere Katholikinnen sich in Neapel zur evangelischen Gemeinde hielten, die ihr eigener Pfarrer in der süddeutschen Heimath gewarnt hatte, sich dort um die katholische Kirche zu bekümmern. Nirgends mögen die gemischten Ehen der evangelischen Kirche so günstig sein wie dort, nirgends so viele Katholiken ihre und ihrer Kinder Erbauung in der evangelischen Gemeinde suchen. Ist das italienische Volk verdorben, so geht doch der Klerus voran in aller Unsittlichkeit, in Habsucht und Falschheit und Unreinheit. Ein italienischer Beobachter, der 30 Jahre lang dem Klerus Toskana's zugesehen hat, erzählt, daß er die große Masse derselben niemals von erbaulichen Dingen habe sprechen hören. Ihr Thema sei gewesen: Festlichkeiten, materielle Interessen, fette Pfründen, Intriguen, scandalöse Geschichten — Religion, Glaube, Evangelium, Liebe nie. Die wenigen Guten nennt er gut in den Gränzen natürlicher Ehrbarkeit und Rechtschaffenheit. Derselbe erzählt — um einen mehr naiven als boshaften Zug anzuführen — von einem Landgeistlichen, der, wenn ein vor der Kirche aufgestellter Korb längere Zeit nicht reichlichen Ertrag an allerlei Geschenken geliefert hatte, vom Altar aus zu sagen pflegte: „Liebe Brüder! seit langer Zeit ist der Korb leer und dann singt der Priester nicht. Wer Gnade haben will, muß bitten und bitten, wie sich's gebührt." Als im Jahre 1857 ein Erdbeben mehrere neapolitanische Provinzen heimgesucht hatte, herrschte dort ein fürchterliches Elend. Ein Engländer brachte den reichen Ertrag einer Sammlung an Ort und Stelle und besorgte die Vertheilung. Etwas Traurigeres läßt sich kaum denken, als das Verhalten der Priester bei der großen Volksnoth, von welchem er Zeuge war. Es ist erwiesen, daß viele Priester, welche die Vertheilung vermitteln sollten, einen Theil der übergebenen Gelder unterschlagen haben. An einem Orte der Basilicata übergaben sie den einzelnen Familienvätern die Hälfte oder den vierten Theil des für sie bestimmten Geldes und ließen sich, bevor das sorgfältig verschlossene Päckchen geöffnet werden konnte, eine Quittung über die ganze Summe geben. An diesem Orte herrschte eine Noth, die Steine erweichen konnte. Fast alle Wohnungen waren zerstört, hunderte von Menschen hatten ein schreckliches Ende genommen, man hörte das Weinen und Klagen halbnackter Kinder, die unter Hunger und Kälte litten. Mitten in solchem Elend gab es eine Freudenstätte. Ein Kreis von Priestern saß an wohlbesetzter Tafel, vergnügte sich mit Kartenspiel und allerhand Lustbarkeiten und wilden Orgien tief in die Nacht hinein. Ein halb erfrorenes Kind, das wimmernd ein Obdach suchte, wurde von einem heraustretenden Priester nicht nur mit einem Fluchwort empfangen, sondern mit einem Fußtritt zur Seite gestoßen, da sein Weinen freilich schlecht zu der ausgelassenen Heiterkeit der Priester stimmte. Es ließe sich Manches dergleichen erzählen. Doch genug davon! Was soll man von einem Volke erwarten, das solche Hirten hat? Man hört oft genug die Italiener sagen, auch die bigotten: Unsere Priester sind Diebe und Schurken! Sie sind nicht sparsam in Beschuldigungen und Beschimpfungen, wenn sie von dem geistlichen Stande reden[1]). Ein Haus, das Frieden haben will, verschließt sich ihm soviel als möglich. Aber sind die Personen auch verhaßt und verachtet, als Priester haben sie doch gewaltigen Einfluß besonders auf das geringe Volk; sie bleiben doch die Lehrer und Führer[2]). Es wäre traurig genug, wenn sie Anderen das Rechte predigten und selber verwerflich würden. Aber auch das Erstere kann man ihnen selbst in Bezug auf das allgemein Sittliche nicht zugestehen. Alles Andere ist ihnen gleichgültig, wenn nur die Leute die äußeren Pflichten gegen die Kirche erfüllen, in Abhängigkeit von ihnen und der Kirche gehalten werden[3]). Der Beichtstuhl wird leichtsinnig und gewissenlos gehandhabt; die verderblichste und verwirrendste Casuistik herrscht; das Gewissen wird nicht angeregt, sondern eingeschläfert und ertödtet. Nicht nur, daß eine christliche Selbstständigkeit und ein Gefühl eigener Verantwortlichkeit

---

[1]) Die Priester geben dem Volkshumor, wie dem Aerger des Volks viel Nahrung. In Neapel heißt z. B. eine Lieblingsspeise: strangolo di preto (wörtlich: „Priestererwürgung"), d. h. woran sich die Priester zu Tode essen.

[2]) In einer italienischen Tragödie „Arnaldo da Brescia" heißt es: „Umsonst bemühst du dich, Rom von Irrthum zu befreien und das Evangelium den Priestern gegenüber zu stellen: an sie glaubt man und nicht an Gott: diese Listigen schreiben zuerst in das Buch des Geistes, und was sie schreiben, läßt sich nicht austilgen."

[3]) Ein toskanischer Dichter giebt unter allerhand Lebensregeln auch die: „Nega il negabile, ma liscia il prete" (leugne, was sich leugnen läßt, aber streichle den Priester). Glaube und thue, was du willst, aber streichle den Priester.

bei solcher Bevormundung nicht aufkommen kann — wie treiben diese Hirten ihre Heerden oft in das Böse hinein! De Sanctis, einer der hervorragendsten Evangelisten Italiens, der zuvor fünfzehn Jahre im Beichtstuhl gesessen hat, hat eine Abhandlung über die Beichte herausgegeben, aus welcher in den Protest. Monatsblättern 1855, Novbr. S. 308 ff. Mittheilungen gemacht sind. Man wird aus ihnen lernen können, wie gefährlich die Ohrenbeichte in der Hand italienischer Priester ist für die Sittlichkeit des Volkes. Einiges möge auch hier Platz finden: „Nicht gering ist der Schaden, den die römische Beichte dem Glauben zufügt, aber noch fühlbarer und Allen erkennbar ist der Schaden, den sie bringt den guten Sitten." Nachdem er ausgeführt hat, wie Tausende von Sündern und Sünderinnen erst im Beichtstuhl durch die „unreinen, unverschämten Fragen eines Beichtvaters" auf die Bahn der Sünde geführt worden sind, fährt de Sanctis fort: „Die Leichtigkeit, Sündenvergebung zu erlangen, wenn man sie einem Priester erzählt, der so oft Genosse der Schwelgereien des Beichtenden ist, eröffnet den Weg zu neuen Vergehen. „„Ist die Sünde gebeichtet, so ist sie vergeben;"" „„es ist einerlei, 100 Sünden beichten oder 110,"" das sind Sprüche im Munde des Volks. Aber ich nehme Rom zum Zeugen, meine Vaterstadt — Rom übertrifft alle italienischen Städte an Unsittlichkeit. Und das römische Volk selbst ist noch fähig großer Tugenden, aber diese Anlagen werden erstickt durch die Erziehung der römischen Kirche. Gotteslästerung ist das in Rom vorherrschende Laster. Wer die Sünde so leicht vergeben erhält, begeht sie ohne Abscheu. Bis 1848 war die Zahl der beichtpflichtigen Individuen in Rom, welche nicht beichteten, kaum 50, und trotz so vielen Beichtens wuchs die Unsittlichkeit immer mehr. Und wie kann es anders sein! Der berüchtigste Libertin kann, ohne zu erröthen, die Scheußlichkeiten nicht lesen, die sich in den für die Priester bestimmten Büchern der Moraltheologie finden." — „Wenn das Beichtkind in seiner Einfalt seine Sünden bekennt, was thut der Beichtvater? In der großen priesterlichen Orgie, welche am Morgen nach dem großen Beichttage stattfindet, in weinlustiger Heiterkeit erzählen sie sich unter unsauberem Gelächter die einfältigen Geständnisse ihrer Beichtkinder; jeder Priester sucht um die Wette seine Beichtkinder lächerlich zu machen." — "Vom Beichtvater kommen die schlimmsten Zerrüttungen in der Familie" u. s. w. In demselben Aufsatz der Protest. Monatsblätter wird erzählt, daß 1855 in Turin von der Pfaffenpartei ein kleines Schriftchen herausgegeben wurde unter dem Titel: "I vizi del clero non sono di ostacolo al trionfo della religione cattolica apostolica romana" (Die Laster des Klerus sind kein Hinderniß für den Triumph der katholischen Religion). T. Roller in einem Schriftchen: "Un tremblement de terre à Naples et la charité du gouvernement Napolitain," worin er zur Charakteristik des neapolitanischen Klerus Vieles beibringt aus eigener Anschauung, erzählt von einem Gespräch zwischen einem Advocaten und einem Franziskaner, das in seiner Gegenwart und vor vielen Zeugen in einem Gasthaus geführt wurde. Der Mönch vertheidigte mit seltener Unverschämtheit und nicht ohne Beifall die These: "Ein Priester muß durch alle Laster der Menschheit hindurchgegangen sein, um fähig zu sein, gut Beichte zu hören und die Büßenden gut zu leiten." Derselbe Mönch bemerkte darauf auf den Armen einer anwesenden Frau ein Kind, das nach Neapel in ein Findelhaus gebracht werden sollte und entdeckte, daß es noch nicht getauft war. Sein Auge blitzte, ein heiliger Eifer sprach aus seinen Zügen, während er ausrief: "Gottloses Weib! Du willst dich also der Gefahr aussetzen, die Seele dieses Kindes umkommen zu lassen? Könnte es doch auf dem Wege sterben, ohne Taufe!" Auf der Stelle wurde das Kind getauft. — Daß es manche gute Ausnahmen unter den Priestern giebt, versteht sich von selbst. Aber am wenigsten sind sie vielleicht unter den liberalen und protestirenden zu suchen. Oft hat man sich von evangelischer Seite solchen zu arglos hingegeben und hinterher sie als durch und durch unwürdige Menschen erkannt. Die letzte waldensische Synode hat daher auch den Grundsatz aufgestellt, die Glieder des katholischen Klerus nur mit der allergrößten Vorsicht in den Dienst am Wort zu stellen. Ich habe manchen Priester gesehen, der mit seinem Munde nahte, aber mit seinem Herzen sehr fern vom Evangelium war, ferner als viele der mit Unverstand Eifernden; ich habe Manchen gesehen, der angeblich mit dem innersten Widerstreben, nur um Brod zu haben die Messe las, aber der nach meiner Ueberzeugung nur von der Aussicht auf einen guten Kaufpreis gelockt wurde, sich Protestanten zu nähern. Solche Leute haben übrigens auf evangelischer Seite nie ein Entgegenkommen gefunden, das ihren Wünschen entsprochen hätte. Es giebt einige sehr erfreuliche Beispiele von wahrhaft gläubigen, dem Evangelium ganz und gar gewonnenen Priestern; aber es ist nicht ohne Wahrheit, was der schon mehrmals angeführte toskanische Schriftsteller gesagt hat: „Ein aufrichtiges Uebertreten der Laien ist möglich, aber daß ein Priester aus Liebe zur Wahrheit die katholische Kirche verlasse, ist fast unmöglich. Einmal sind sie zu sehr vom Evangelium entfernt, und dann ist es zu reizend für sie, von den Banden der Kirche los zu werden." Patriotischen Eifer haben manche Priester gezeigt; folgten doch dem garibaldischen Heere Compagnien von Mönchen und Priestern, die auch gern das Schwert zogen. Aber ernst sittlicher und religiöser Sinn ist ein gar seltenes Ding unter ihnen. Die Bemerkung Azeglio's (vgl. Prot. Monatsbl. 1855, Nov. S. 312) ist zu wahr, „bei den römischen Priestern trete fast immer ein künstliches, römisches, päpstliches Gewissen an die Stelle dieser Stimme Gottes in unserem Herzen und unterdrücke letztere mit der Zeit gänzlich."

Bei so niedrigem Stande der Sittlichkeit in Volk und Klerus kann das religiöse Leben der Italiener nur ein sehr äußerliches sein. Furchtsamsten Aberglaubens, todter Formen und Formeln, äußeren Werkdienstes giebt es genug. Aber man kann in Zweifel darüber sein, ob der Katholicismus in der Gestalt, die er zumal im südlichen Italien angenommen hat, nicht eher Heidenthum als Christenthum zu nennen ist. Nicht nur daß Madonna und Heilige an Gottes Stelle getreten sind — man kann nicht anders sagen, als daß die religiöse Verehrung oft ihren Bildern gilt[1]);

---

[1]) Der Eine hält es mit der Madonna della cintola, der Andere mit der Madonna de' sette dolori. In einer Familie sind die Meinungen oft

und was ist es für eine Verehrung, wenn häufig das unwirksame demüthige Gebet in ein Fluchen und Schimpfen über den säumenden Heiligen übergeht? Bilder werden wie Lebendige behandelt. In einem Kloster bei Neapel ist eine große Wachsfigur, welche einen dort ganz besonders verehrten Heiligen darstellt. Als einmal das Wachs an einer Stelle aufschwoll, wurden Aerzte gerufen, die ihre Unfähigkeit den Grund des Leidens zu erkennen und es zu heilen bekennen mußten. Aber bald erschien der Heilige einem Klosterbruder und offenbarte ihm, der Grund seines Leidens liege in einer Erkältung, die er sich bei seiner dürftigen Bekleidung zugezogen. Es dauerte nicht lange, so war ihm von den Frommen der Gegend ein reiches kostbares Kleid verschafft[1]). Die Messe ist das Unerbaulichste, was man sich denken kann. Es heißt da nicht: „Zeuch deine Schuhe aus, denn der Ort, da du stehst, ist ein heiliges Land." Man besieht sich und unterhält sich und treibt die allerprofansten Dinge. Italiener, welche im Ausland katholischen Gottesdienst besuchen, erstaunen über die stille und ernste Haltung der Versammelten. Die Predigt, welche abgesehen von der Fastenzeit fast ganz verschwunden ist aus dem Gottesdienst, ist selten mehr als eine Speise für die Sinne und für die Phantasie. Aber es giebt viel Festlichkeiten, Processionen[2])

getheilt und es wird darüber gestritten, welche Madonna reicher sei an Wundern und Gnaden.

[1]) Wie in Italien Wundergeschichten zu Stande kommen, mag folgendes Beispiel zeigen. Ein italienischer Arzt erzählte mir, er habe eine Nonne während einer ganz leichten Krankheit behandelt und mit einfachen Mitteln ihre Gesundheit hergestellt. Bald darauf sei ein Mönch zu ihm gekommen und habe verlangt, daß er die Wahrheit einer zu Papier gebrachten wunderbaren Heilungsgeschichte durch seine Unterschrift beglaubige. Er sollte bezeugen, daß jene Nonne, welcher er ärztliche Hülfe gebracht hatte, tödtlich krank gewesen, daß irdische Aerzte ihre Rettung völlig aufgegeben, daß endlich eine Heilige erschienen sei und in der wunderbarsten Weise die Kranke plötzlich geheilt habe. Er weigerte sich die Lüge zu unterschreiben: aber nicht Jeder hätte an seiner Stelle den Muth gehabt, sich der Verfolgung von Seiten der Kirche und des Staates auszusetzen.

[2]) Die Feier der großen Feste hat ihren Mittelpunkt vielfach in sonderbaren Maskeraden. In Toskana hat man z. B. hier und da am Charfreitag die Procession des sogenannten Gesù morto. Da wird irgend ein Mensch als

und Böllerschießen und Illuminationen, viel Rosenkranzbeten und
Fasten. Aeußerliche Treue gegen die Kirche ist weder unter dem
abergläubischen geringen Volk noch unter den gebildeten Freigeistern
zu vermissen[1]). Aber da selten religiöser Sinn mit ihr verbunden

Jesus eingekleidet, Andere als Petrus, Johannes u. s. w.; eine Maria ist da
und eine Menge von Knaben, welche als Engel gekleidet Hämmer, Nägel,
Dornenkrone u. s. w. tragen. Die Präfecten beginnen hier und da solche
würdelose und unerbauliche Umzüge zu verbieten. Bei Neapel wird am Oster-
sonntag das Suchen der Maria nach dem Gekreuzigten aufgeführt. Wenn er
gefunden ist, läßt sie aus ihrem Gewand eine Menge Vögel ausfliegen. Dergleichen Volksfeste, die kaum einen religiösen Charakter haben, giebt es viele.
Daneben findet man aber auch manche schönere und erbaulichere Sitte. In
Neapel darf z. B. vom Donnerstag bis zum Sonnabend der heiligen Woche
kein Wagen durch die Straßen fahren. In einer Stadt, wo des Wagenfahrens
mehr ist als vielleicht in irgend einer anderen und durch dasselbe allezeit
großer Lärm entsteht, könnte diese Sitte einer stillen Passionsfeier sehr zu
Statten kommen, wenn nicht das Volk die Stille unheimlich fände und sein
Möglichstes thäte, um den vermißten Lärm der Wagen zu ersetzen. Auch steht
es mit dieser Sitte wieder·im Contrast, daß der Charfreitag nur für die
Kutscher ein Feiertag, für die Uebrigen ein Arbeitstag ist. — Ich verkenne
übrigens nicht, daß hier und da ähnliche Processionen, wie die, von welchen
ich oben sprach, bei aller ihrer Naivetät etwas Erbauliches haben. Es ist
oft neben vielem Verletzenden auch viel Wohlthuendes darin. So sagt ein
waldensischer Evangelist gewiß sehr richtig von sicilianischen Charfreitags-
processionen, bei denen „das Volk im Trauerschmuck einem gläsernen Kata-
falk folgt, in welchem wie in einem Grabe ein Christus von Wachs ruht,
hinter ihm die „Gran Signora," seine Mutter, welche in Wittwenkleidern das
Grab ihres Sohnes besucht": „Die Trauertöne der Musikchöre, die große Palme,
welche das Grab des Gekreuzigten überschattet, die ehrerbietige Haltung wenigstens des niederen Volkes, der rührende Anblick dieser Wittwe im weißen
Schleier, die zahllosen Wachskerzen, die Gebete murmelnder Zuschauer, sodann
die Thatsache, daß die Mehrzahl von ihnen in den vorhergehenden Tagen das
heilige Abendmahl empfangen hat oder sich vorbereitet, es zu Ostern zu empfangen — Alles dieses bildet ein so eigenthümliches Gemisch christlicher und
mythologischer Elemente, daß es schwer hält mit sicherer Hand die Axt wider
den Irrthum darin zu führen, weil man fürchten muß, zugleich den kleinen
Theil von Wahrheit zu treffen, der in dieser einen großen Theil ihrer Formen
dem Heidenthum entlehnenden Religion der Sinne und der Phantasie noch mit
enthalten ist." (Vgl. Neue Evang. Kirchenzeitung 1862. Nr. 50).

[1]) Wenn es nicht ein nur äußerlicher Gottesdienst wäre, auf welchen das
neapolitanische Volk Werth legt, so könnte man sich wohl darüber freuen, daß

ist, so kommen die merkwürdigsten Contraste vor. An Stätten, wo die verworfensten Creaturen ihr Wesen treiben, wird es an einem Madonnenbilde und an einer ihm zu Ehren brennenden Lampe nicht fehlen. Ist das Gewissen zarter, so wird vielleicht hier und da das Bild zugedeckt. Ein Händler, der seine schlechte Waare mit allerhand Lobsprüchen anpreist, flüstert wohl im Vorbeigehen einer Madonna zu: „Es ist nicht wahr, sie taugt nichts." Es hat mir oft großen Eindruck gemacht, wenn ich auf der Straße die Leute auf irgendwelchen Anlaß, z. B. bei Processionen, auf die Kniee sinken sah. Ich kann mir keinen vollkommneren Ausdruck der Andacht und Hingebung denken als die Mienen und die Haltung solcher Knieenden. Aber nur zu schnell überzeugt man sich, daß die Komödie in das religiöse Leben hineinreicht. — Der Katholicismus hat in Italien gar feste Wurzeln, weil Ungläubige und Abergläubige sich leicht zu der äußerlichen Frömmigkeit verstehen können, welche allein von ihnen gefordert wird. Die Meisten wollen

---

Lob und Tadel der im öffentlichen Leben hervortretenden Männer dort vorzugsweise von einer Prüfung ihrer Frömmigkeit ausgeht. Verdächtigungen und Anpreisungen knüpfen hier am liebsten an. Besonders die politische Presse scheint Gottesfurcht viel höher zu schätzen, als viele unserer Zeitungen. Es ist nicht zu läugnen, daß die Religion eine ganz andere Stelle in dem Volksleben Italiens einnimmt, als in unseren Ländern; sie behauptet allezeit äußerlich den Vordergrund. Aber daraus folgt nicht, daß sie im Inneren des Volkes, im Inneren der Herzen und Häuser ihre Lebenskraft reichlich entfalte. — Immerhin ist es interessant die äußere Geltung und Macht zu vergleichen, welche die Religion bei uns und dort hat. Als Garibaldi in Neapel eingezogen war, wurde er von den Priestern als Feind der Religion und Kirche gekennzeichnet; seine Anhänger dagegen rühmten seine Frömmigkeit. In einem neapolitanischen Volksblatt, welchem im Allgemeinen nicht gerade ein hohes Maß von Ernst und Würde eigen war, wurde am Tage seines Einzugs ein Gebet mitgetheilt, welches er Morgens und Abends zu halten pflege. Dies angebliche Gebet Garibaldi's enthält nichts, was zu weiterer Mittheilung Anlaß gebe. Aber solche Empfehlung eines Mannes in solchem Blatte hat etwas Auffallendes, wenn wir an unsere heimische politische Presse denken. Das Gebet ist in neapolitanischem Dialect abgedruckt, damit, wie es in den einleitenden Worten heißt, die Männer des Volkes sich überzeugen könnten, daß G. kein Ebräer oder Türke sei.

einen Gottesdienst pflegen, der ihnen die Seligkeit garantirt, ohne ihnen sittliche Arbeit zuzumuthen. Die Kirche thut ihnen den großen Dienst, die unbequeme Last eigener Verantwortlichkeit von ihren Schultern zu nehmen. Bei aller scheinbaren Kreuzigung der Lüste und Begierden läßt doch der italienische Katholicismus dem Fleische volle Freiheit und ist daher dem sittlich gesunkenen Volke ein willkommenes Ding. Es ließe sich leicht im Einzelnen nachweisen, wie wenig Zumuthungen er dem natürlichen Menschen auferlegt trotz allem Schein der Strenge. Das Fasten z. B. entspricht ganz der Neigung des italienischen Volks, wenigstens des neapolitanischen, welches zwischen Verschwenden und Kargen, wie zwischen Arbeit und süßem Nichtsthun, hin und her springt. Tage lang wird eifrig gearbeitet, um Tage völliger Muße zu gewinnen und ein Fasttag giebt dem Mahle des kommenden Tages doppelte Würze. Man meint manchmal beschämende Mäßigkeit zu finden und sie ist doch nur eine Vorbereitung übermäßigen Genusses. Doch will ich gern noch an dieser Stelle die bekannte Thatsache bestätigen, daß Trunkenheit in Italien ein fast unerhörtes Ding ist.

Bei solchem Zustand des Volkes, wie ich ihn geschildert habe, müssen die Aussichten einer evangelischen Bewegung gering erscheinen. Vor Allem muß ein einfältiges Auge und ein redliches Gemüth sein, wo das Evangelium Empfänglichkeit finden soll. In der That kann ich nur auf die Jugend mit großer Hoffnung sehen. Während sie ein sehr ergiebiges Arbeitsfeld zu werden verspricht, lassen die erwachsenen Generationen wenig Gutes erwarten. Sie werden meist unter dem Einfluß der (Bildung und Sittlichkeit niederhaltenden) Priester sich mit dem Gepränge der römischen Kirche und der leichten Sündenvergebung, welche sie verspricht, begnügen. Auch die, welche nach ihrem Verstande die Vorzüge des evangelischen Glaubens erkennen, stehen doch nach ihrem Herzen dem Evangelium zu fern, um sich in ihrem gewohnten Gange stören zu lassen. Dies Volk muß erst wieder zu sich selbst kommen aus der Aeußerlichkeit seines Cultus und der Unaufrichtigkeit seines Gemüths. Es muß ihm erst wieder ein Gewissen geweckt werden und ein tieferes Gemüthsleben an die Stelle des oberflächlichen Phantasielebens treten. Ja! Italien ist bis heute noch ein Land der Todten, ein Land des sittlichen Todes und giebt wenig Hoffnung für eine schnelle Auferstehung. Eine lange Arbeit der Evangelisten wird erst den Boden für das Evangelium schaffen müssen. In Wenigen ist er vorbereitet. Noch sind die Häuflein derer klein, welche wirklich ernstlich bemüht sind ihre Seligkeit zu schaffen, welche Gewissensnoth und geistlichen Hunger kennen und nur in ihrer Verirrung und Verwirrung die rechte Friedensquelle noch nicht haben finden können. Ich erwarte fast am Meisten von denen, welche bisher mit großer Pietät an der Kirche, in deren Schooß sie erzogen worden sind, hängen, die ein schonungsloser Angriff auf ihre Kirche in der tiefsten Seele verletzt, von denen, die sich scheuen die festen Bande zu lösen, durch welche sie sich gebunden fühlen und halten wollen, was sie haben, bis von innen heraus ein neuer Glaube geboren ist. Aus ihrer Mitte erscheint manchmal den italienischen Evangelisten ein Nikodemus, der lange und ernst im Verborgenen gekämpft hat.

In Nr. 30 der diesjährigen Neuen Evangel. Kirchenzeitung findet sich eine Correspondenz von befreundeter Hand, welche zunächst zur Ergänzung eines von mir eingesandten kurzen Berichts (in Nr. 10) über die religiöse Bewegung in Unter-Italien dienen sollte. Sie beabsichtigt aber zugleich eine leise Berichtigung meiner Aeußerungen und da ich im Obigen dieselben nur weiter ausgeführt habe, so will ich hier die Gegenbehauptung mittheilen und einige Worte zur Antwort geben. „Ich glaube nicht zu irren," schreibt der Correspondent, „wenn ich sage, daß ein großer Theil der Gebildeten und des Volkes, von der Unmöglichkeit überzeugt, in der katholischen Kirche, wie sie jetzt ist, und in ihrem verknöcherten Organismus eine innere Befriedigung zu finden, sich nach einem Brode des Lebens sehnt, das den bisher noch nie so stark empfundenen geistlichen Hunger stille. Durch eine wunderbare Fügung Gottes geht gegenwärtig der Odem Gottes über das Todtengebein und wenn auch bei den Meisten die innere

Stimme noch unklar ist, so ringt sich doch unter der Schale einer rein äußerlichen Kirchlichkeit oder des religiösen Indifferentismus der Keim des Lebens los." Nachdem er mit vollem Recht darauf hingewiesen, daß nur die vorangehende oder begleitende geistliche Wiedergeburt Italiens die politische möglich machen könne, schließt er mit einem Wort des Grafen Mamiani. Dieser unter den lebenden Schriftstellern Italiens hervorragende Mann hat unlängst gesagt: „Es muß die Evangelisation freien und ungehinderten Zugang in Italien haben. Das religiöse Bedürfniß des Volks ist wesentlich ein doppeltes. Die Reichen und Gebildeten suchen in der Religion eine poetische Befriedigung und einen ästhetischen Genuß. Sie finden ihn in der katholischen Kirche und ihrem Pomp mit der sinnberauschenden Musik; aber die große Menge, der Mittelstand und die Armen, haben ein tiefes inneres Bedürfniß, das in der Messe und im Beichtstuhl keine Befriedigung findet. Es scheint mir nicht unmöglich, daß der Protestantismus ihrem Sehnen genügen kann." Der deutsche und der italienische Zeuge lassen mehr hoffen, als sich für jetzt andeutet. Wenn jener sich besonders auf gelegentliche Aeußerungen mancher Römer aus den geistlichen und den verschiedensten weltlichen Ständen beruft, die ausgesprochen haben, daß „das Christenthum doch etwas Anderes sein müsse, als Rosenkranzbeten und Heiligenbilderküssen und daß für die Leere in ihrem Herzen keiner ihrer Priester das geeignete Mittel wisse," so bestreite ich zwar nicht, daß in Rom manche aufrichtige Seelen sind, die einen guten Kampf des Glaubens zu kämpfen begonnen haben, aber ich kann eine Beobachtung nicht verschweigen, die ich wenigstens in Neapel gemacht habe, daß die Aussichten des Evangelii in einer Stadt, in welcher der Zugang zu demselben noch ganz verschlossen ist, leicht größer erscheinen, als sie sind. Das Verbotene und Versagte hat einen besonderen Reiz und Viele scheinen lüstern darnach, die doch, wenn es ein Erlaubtes wird, sich gleichgültig zeigen. Ferner gestehe ich, daß es schwer ist zu sagen, was in der Tiefe eines Volkes vorgeht und insbesondere ob Viele dem Zuge des Vaters zum Sohne folgen. Aber soll geurtheilt werden nach dem,

was vor Augen ist, wenn auch nicht nach dem, was sich geräusch=
voll kund thut, so muß ich mein Urtheil festhalten. Die Zahl
der Italiener, welche zur Zeit geistlichen Hunger zeigen, ist ver=
schwindend klein. Auch das Leben anderer Nationen legt uns
wohl die Frage nahe, mit der einst ein Jünger an den Herrn her=
antrat: „Herr, meinest Du, daß Wenige selig werden?" Die
Massen findet man nicht auf dem schmalen Wege. Aber ich nenne
die Zahl der erweckten Italiener nicht nur klein, wenn ich mir
vorhalte, daß der Herr Alle zu sich gerufen hat; ich finde sie
sehr klein, wenn ich sie mit dem Maße der Erwartungen messe,
die man etwa aus einer Prüfung unseres Volks mitbringt oder
wenn ich sie mit dem Maße der Hoffnung messe, die man für
die Zukunft Italiens haben darf. Man wird die nicht tadeln
dürfen, welche mehr Gutes hoffen, als die Augen sehen. Aber man
kann denen nicht Recht geben, welche schon jetzt in Italien einen für
die Aussaat recht empfänglichen Boden zu sehen glauben. Dennoch
dürfen wir das Vertrauen haben, daß die Predigt des göttlichen
Wortes, die nun erschallt, sich mehr und mehr einen Zugang zu den
Herzen verschafft, in Vielen das todte Gewissen erweckt und einen
heilsamen geistlichen Hunger, eine göttliche Traurigkeit zur Selig=
keit wirkt. Es ist ein großes Ding, daß das Evangelium nicht
mehr unter den Scheffel gestellt ist, sondern in der Litteratur
und aller Orten, in der Armee und in allen Ständen der Ge=
sellschaft ein Sauerteig zu werden beginnt.

Ehe ich die Resultate der bisherigen Evangelisationsarbeit,
soweit sie sichtbar sind, beschreibe, will ich noch einige Hindernisse
bezeichnen, die neben dem sittlichen Zustande des Volks wenigstens
für jetzt die evangelische Bewegung hemmen. Die fieberhafte
Erregung, welche die politischen Verhältnisse mit sich bringen, läßt
denen, welche überhaupt für etwas Anderes als das alltägliche
Leben Sinn haben, noch nicht Zeit und Ruhe, recht in sich zu
gehen und sich über das Heil ihrer Seele zu besinnen. Das poli=
tische Leben war den Meisten bisher so verschlossen, daß es sie
nun um so mehr hinnimmt und sie von den tiefsten und ernste=
sten Fragen ablenkt. Doch wird sich, wenn die gegenwärtige Be=

wegung zum Ziel gekommen ist und dem Volke wieder Ruhe geschenkt wird, vielleicht zeigen, daß manches scheinbar vergeblich ausgestreute Samenkorn doch einen fruchtbaren Boden gefunden hat. — Weiter muß man bedenken, wie reichliches Vorurtheil die Priester gegen Alles, was protestantisch und evangelisch heißt, erweckt haben. Die Protestanten sind als sittlich verkommene Menschen, als Feinde aller Ordnung und aller Religion verschrieen worden[1]). Mit den Türken werden sie besonders häufig in Parallele gestellt. Die abscheulichsten Schmähungen häuft man auf Luther und alle Reformatoren. Doch verlieren die verläumderischen Behauptungen immermehr an Kraft und Einfluß, je mehr der Augenschein sie Lügen straft. Dazu haben die evangelischen Fremdengemeinden in Italien schon viel beigetragen. Aber es fehlt noch viel daran, daß klare Erkenntniß über das Wesen evangelischen Christenthums verbreitet wäre. Wie oft sind mir die verschrobensten Vorstellungen entgegengetreten! Neapolitaner aus den besseren Ständen, die wenigstens den Muth hatten, sich über den Protestantismus unterrichten zu lassen, haben mir manchmal in schneller Folge ein Dutzend Fragen vorgelegt, die ich fast alle zu ihrem großen Erstaunen mit Ja! beantworten konnte. Da heißt es: Habt Ihr Taufe? Habt Ihr Abendmahl? Habt Ihr das Credo? Habt Ihr Priester? u. s. w. Nur was katholisch ist, heißt christiano, ja! Mensch und cattolico ist fast gleichbedeutend. — Ferner ist der Fanatismus der Priester und der von ihnen geleiteten Massen noch so groß, daß die, welche die katholische Kirche verlassen oder auch nur einen evangelischen Betsaal betreten, sich mancherlei Gefahren aussetzen[2]). Es gehört Muth

---

[1]) In neuester Zeit noch hat die liberale Geistlichkeit Palermo's in einer Adresse an ihren Erzbischof, in welcher dieser gebeten wird, sich für Aufhebung des weltlichen Papstthums auszusprechen, gesagt: „Wehe! eine verblendete Parthei öffnet durch ihren Widerstand gegen die Geschicke Italiens den kühnen Versuchen der Protestanten die Thür, welche mit schamloser Dreistigkeit unsere Zerwürfnisse benutzen, um unter uns den Scepticismus, Rationalismus, Atheismus zu verbreiten und die Wurzeln unseres väterlichen Glaubens zu untergraben."

[2]) Ein Evangelist berichtet aus Rio, einer der 3 walbensischen Stationen auf der Insel Elba: „Nachdem die Glieder dieser kleinen Heerde die wilden

dazu, dem Eifer und Zorn eines fanatischen und gegen Abtrün=
nige schonungslosen Klerus Trotz zu bieten. Wie viel Mittel hat
er in Händen, den Drohungen ewiger Strafen zeitliche hinzuzu=
fügen! Man denke sich eine kleine Stadt, wie z. B. Aosta, das
ungefähr 5000 Einwohner haben mag. Mit 40 Priestern wett=
eifern 20—25 barmherzige Schwestern[1]), um die evangelische Be=

Verfolgungen unserer unwissenden und fanatischen Widersacher erduldet, nach=
dem sie in dem Kreise ihrer Familien und Freunde alle Anfechtungen von
Fleisch und Blut durchgemacht haben, schreiten sie jetzt vorwärts. — Man sucht
sie durch alle Arten erdichteter Drohungen einzuschüchtern; heute kündigt man
ihnen ihre nahe bevorstehende Verbannung an; morgen schildert man ihnen die
Qualen der Ketzer oder die Beschimpfungen, welchen ihre Leichname nach dem
Tode ausgesetzt sein würden." (Vergl. Neue Ev. Kirchenzeitung 1862, Nr. 50.)
Der Evangelist einer anderen Gemeinde, die neuerdings gegründet worden ist,
erzählt (Buona Novella 1862, 31. Oct.): „Man wird leicht glauben, daß die
römischen Priester das Licht der Wahrheit, welches ihren Interessen und ihrem
Einfluß Gefahr bringt, bei seinem ersten Erscheinen auf alle mögliche Weise zu
ersticken suchten. Oeffentlicher Bannfluch über Alle, die jenes Haus des Ver=
derbens, wie sie es nannten, betreten würden; Entziehung der Arbeit und jeder
materiellen Unterstützung für die, welche fortfahren wollten, die protestantischen
Predigten zu hören; Verhöhnungen, Beschimpfungen, Drohungen jeder Art
gegen die eifrigsten Anhänger des Evangeliums, auf welche der Haß des fana=
tisirten Pöbels gelenkt wurde; neuntägige und dreitägige Andachten, um die
Hülfe der Madonna gegen das Aufbringen der Ketzerei zu erflehen; Petitionen
an die Obrigkeit, die noch zu sehr dem römischen Priesterwesen ergeben ist:
nichts ließ man unversucht, aber vergebens. Diese grimmigen, unaufhörlichen
Verfolgungen waren für unsere Brüder gleichsam ein Läuterungstiegel: mit
Gottes Hülfe ging ihr Glaube siegreich, gestärkt und gereinigt daraus hervor.
Da die königlichen Carabiniers wiederholt eine sehr beträchtliche Macht entfal=
teten, konnten wir trotz so großer Anstrengungen unserer Feinde unseren Weg
weitergehen, und jetzt beschränkt sich die Polemik, welche man gegen uns be=
treibt, auf Kanzel und Beichtstuhl. Die Priester haben gesagt, sie hätten aus
Rom ein Paquet mit Plenar=Indulgenzen erhalten für alle die, welche es be=
reuten, uns gehört zu haben und in den Schooß der heiligen Mutter=Kirche
zurücktreten wollten; man verspricht die Vergebung jeder Sünde Jedem, der
uns flieht; man verdammt zur Hölle Jeden, der es wagen würde, mit uns
von religiösen Dingen zu sprechen oder unsere Bücher zu lesen."

[1]) Die Barmherzigkeit, welche solche Schwestern am Bett des katholischen
Kranken üben, ist groß; aber ihre Unbarmherzigkeit gegen Andersgläubige ist
nicht minder groß. Ich habe in den neapolitanischen Spitälern in der Kriegs=

wegung zu erdrücken. Spione werden in die evangelischen Gottes= dienste gesandt, um die Namen der Anwesenden aufzuzeichnen. Es sind meist arme Leute, welche die Predigt des Evangelii aufsuchen, Handwerker und Tagelöhner. Sie sind in Gefahr, alle Unter= stützung und Beschäftigung zu verlieren, wenn sie nicht umkehren. Das Leben der Evangelisten und der Proselyten wird oft bedroht. Häufig sammeln sich Volksmassen, um durch ihren Lärm den Gottesdienst zu stören und die Theilnehmer einzuschüchtern. Mehr als einmal hat bewaffnete Gewalt die Evangelischen gegen die Wuth des Volkes schützen müssen. Auch die Eltern, welche ihre Kinder in evangelische Schulen schicken, haben viel Anfeindung zu ertragen. Sie haben meist nicht die Absicht, sich von ihrer Kirche loszusagen und wählen nur deshalb die evangelischen Schulen für ihre Kinder, weil ihnen sonst gar keine oder nur schlechte offen stehen. Sie sagen oft ihren Priestern, welche sie deshalb be= drohen: Schafft ihr uns Schulen, so wollen wir unsere Kinder hineinschicken. Aber sie werden wie Ketzer behandelt, die Abso= lution wird ihnen verweigert. In Neapel hat der evangelische Prediger Cresi mit Hülfe einer russischen Gräfin, welche große Aufopferung für die evangelische Sache bewiesen hat, eine Mädchen= schule gegründet. Aber wie viel Intriguen mußten überwunden werden, ehe die Schule in einen ruhigen Gang kam. Anfangs wurden 40 Kinder aufgenommen, aber die Priester bedrohten die Eltern so, daß nach einem halben Jahre vielleicht 15—20 von ihnen übrig geblieben waren. Die anderen Kinder hatten meist unter Thränen von der Schule Abschied genommen. Ein Kind starb in Folge der Mißhandlungen, welche eine fanatische Frau ihm zugefügt hatte. Es machte den benachbarten Familien großen Eindruck, als das sterbende Kind ausrief: „Was weinet ihr? Ich gehe zu Jesus." Nicht alle Väter und Mütter ließen sich durch die Drohungen der Priester abschrecken. Manche suchten

---

zeit 1860 Glaubensgenossen gefunden, die von Krankheit und Wunden schwer geplagt waren, aber mehr als über alles andere Leid über den schonungslosen Bekehrungseifer, über die Unbarmherzigkeit der barmherzigen Schwestern klagten.

den evangelischen Gottesdienst auf, um das Wort Gottes zu
hören, welches, wie sie sagten, ihre Kinder gebessert habe, oder
um die süßen Lieder zu hören, welche ihre Kinder in der Schule
gelernt hätten. Es meldeten sich nach und nach mehr Kinder,
als man aufnehmen konnte. — Die abtrünnigen Katholiken werden
überall bedroht und bestraft, die wankenden mit Geschenken ver=
sucht. Oft wird Geld vertheilt an den Thüren evangelischer
Gotteshäuser für die, welche sich abhalten lassen einzutreten, und
Ruhestörer werden erkauft durch Gaben oder durch Verheißungen,
die freilich nicht immer in Erfüllung gehen. So erzählt ein wal=
densischer Evangelist von einer Störung seines Gottesdienstes,
welche dazu dienen mußte, das Treiben des Klerus zu enthüllen.
Eines Tages kommt ein Volkshaufe lärmend und schreiend herbei,
während seine kleine Gemeinde in ihrem Betsaal versammelt ist.
Seine erschrockenen Zuhörer wollen den Zugang verschließen; aber
der Evangelist öffnet die Thüren weit und ladet die Ruhestörer
ein, einzutreten. Sie folgen der unerwarteten Einladung; ihr
Führer, mit Pistolen bewaffnet, geht voran. Er wird gebeten,
sich zu setzen und hört nun während des ganzen Gottesdienstes
aufmerksam zu. Am Schlusse desselben konnte er nicht genug
Schmähworte gegen den römischen Priester finden, der ihm schon
oft 20 Franken versprochen habe, damit er Lärm mache, und ihm
doch nie einen Sou gebe. — Aeußerlicher Gewinn erwartet die
zur evangelischen Gemeinde Uebertretenden nicht. Käufliche Leute
giebt es genug in Italien, und die Erfolge der Evangelisten wür=
den ganz andere sein, wenn sie, wie es ihnen wohl vorgeworfen
wird, Seelen kaufen wollten. Sie gehen nicht darauf aus, mög=
lichst viele Proselyten aufzählen zu können; es ist ihnen darum
zu thun, dem Herrn Seelen zu gewinnen, und sie kennen keinen
anderen Weg, als den des Lehrens und Ueberzeugens[1]). Die

---

[1]) Wie ganz andere Wege die katholischen Priester Italiens gehen, um
Protestanten in den Schooß der seligmachenden Kirche zu führen, dafür könnte ich
viele Beispiele beibringen. Bald wurden lockende Geschenke geboten, bald wurde
gegen die Widerstrebenden, besonders in Spitälern, eine grausame Strenge an=
gewandt, die in einzelnen Fällen einer tobesmuthigen Treue zu Martyrien ge=

oft sehr drückende Lage der Uebergetretenen straft die gegnerischen Verdächtigungen Lügen. Abgesehen davon, daß es sehr falsch ist, wenn man sich die Hände und Taschen der Evangelisten mit Gold gefüllt denkt, ist es ihr Grundsatz, besonders Grundsatz der Waldenser, in Unterstützungen selbst Nothständen gegenüber sehr zurückhaltend zu sein. So hat denn die Evangelisation für das Fleisch nichts Lockendes, viel Abschreckendes. Man kann annehmen, daß die, welche wirklich sich von ihrer Kirche lossagen, im Allgemeinen geförderte, ernste Christen sind, welche Alles für Schaden achten gegen die Erkenntniß Jesu Christi. Uebrigens muß der blinde Eifer der Priester oft zu ihrem Aerger der guten Sache dienen. Ihre Polemik macht Viele erst auf das Evangelium aufmerksam und ihre Wuth öffnet Manchem die Augen für die Schäden seiner Kirche. Wenn der Klerus heilige Schriften in Haufen verbrennen läßt, so werden sie desto mehr gesucht und gekauft. Die waldensische Gemeinde zu Livorno verdankt ihr schnelles Wachsen besonders der eifrigen Predigt der Priester gegen die evangelische Propaganda. Auch die gerichtlichen Verfolgungen einzelner evangelischer Männer wecken Aufmerksamkeit für den Glauben, welchen sie bekennen. Es ist freilich zu beklagen, daß einzelne Verurtheilungen stattgefunden haben, aus welchen hervorgeht, daß einige Gerichte das verfassungsmäßige Recht der Evangelischen noch nicht recht zu würdigen wissen.

Die bisher gewonnenen Erträge der evangelischen Mission in Italien mögen den Zahlen nach gering erscheinen, aber davon hoffe ich durch meine Mittheilungen überzeugt zu haben, daß ihr Gewinn wirkliche Bekehrungen zum Herrn, Garben für das Reich Gottes sind. Wir sollen uns mit den Engeln im Himmel freuen über einen Sünder, der Buße thut; wie vielmehr müssen wir uns freuen an der Gemeinde evangelischer Christen Italiens, als

---

führt hat. Bekanntlich werden die Uebertretenden in Italien von Neuem getauft. Oft erhalten sie einen vornehmen reichen Pathen und werden anfangs mit Geld und Ehren beschenkt. Aber nachher kümmert man sich nicht mehr um sie, wenn auch das Vertrauen auf gegebene Versprechen sie in's Elend geführt hat.

an den Erstlingen einer großen Erndte Gottes. Ich möchte die geringen Anfänge, von welchen weiter die Rede sein wird, als das Pfand einer schönen, wenn auch noch weit entfernten Zukunft angesehen wissen. Die Evangelisten Italiens täuschen sich nicht darüber, daß ihrem mühevollen Säen nicht so bald eine reiche Erndte folgen wird. Um so schöner ist ihre Treue. Sie ermahnt uns, nicht zurückzubleiben, sondern ihr Werk nach Kräften zu fördern, als ein Werk des Glaubens und der Hoffnung.

## Drittes Capitel.

Der gegenwärtige Stand der Evangelisation. — Die beiden evangelischen Parteien. Die waldensische Kirche und die evangelischen Vereine.

———

Den Verlauf der evangelischen Bewegung in den einzelnen Staaten Italiens zu erzählen, kann ich unterlassen. Wer nähere Nachricht über das Geschichtliche sucht, wird genaue und interessante Mittheilungen in Witte's Schrift: „Das Evangelium in Italien" finden. Während jetzt nur das römische Gebiet dem Evangelium verschlossen ist, war es bis 1848 ganz Italien. Damals durften die Waldenser, die zuvor in ihren Thälern eingeschlossen waren, sich herauswagen, und die Predigt des Evangelii gewann in Piemont ein bleibendes Recht. Die übrigen italienischen Länder, die zum Theil in demselben Jahre vorübergehend evangelische Predigt hatten, sind ihr doch erst seit 1859 und 1860 für die Dauer geöffnet. Die strengsten Strafen drohten bis dahin jeder evangelischen Regung. Nur in Toscana, wo die Gesetze milder waren und das geistige Leben reger, hat die neuere Bewegung eine bedeutendere Vorgeschichte, deren Martyrien bekannt sind. Noch heute ist Toscana und besonders Florenz das Herz der Bewegung.

Ueberall hat sie begonnen mit der Verbreitung der heiligen Schrift und nach dieser Seite ist sehr viel geschehen, besonders durch die brittische Bibelgesellschaft. Allein aus einem Depot zu Genua sind von 1856—1860 36,000 Bibeln verbreitet worden. Man nimmt an, daß in den letzten 3 Jahren ungefähr 80,000 Bibeln in Italien verkauft worden sind. In neuester Zeit hat der

Ankauf von Bibeln im nördlichen Italien sehr nachgelassen, dagegen wurden 1861 von Cresi in Neapel gegen 5000 Bibeln ausgegeben. Außerdem werden viele evangelische Tractate und Schriften gelesen. Doch verschwenden ausländische Gesellschaften oft Geld für Schriften und Uebersetzungen, die sich für Italiener nicht eignen und daher nicht gelesen werden. Großen Absatz hat ein kalenderartiges Buch von de Sanctis „der Hausfreund" gefunden; es wurde 1860 in 40,000 Exemplaren verbreitet. In diesem Jahre sind 80,000 Exemplare gedruckt worden. Die Bedeutung dieses Buches geht aus dem Erscheinen katholischer Gegenschriften hervor, die sich: „der wahre Hausfreund" oder ähnlich nennen. Auch mehrere Zeitschriften sind für die evangelische Sache thätig (besonders das waldensische Blatt: La Buona Novella, die Discussione pacifica, herausgegeben von de Sanctis, und seit einigen Monaten die in Neapel erscheinende Civiltà Evangelica), doch haben sie noch keinen großen Leserkreis gefunden[1]). Man darf hoffen, daß das so reichlich ausgegangene geschriebne Wort mehr Seelen aufgeweckt hat, als öffentlich davon Zeugniß geben. Es ist Thatsache, daß viele Italiener die Bibel fleißig lesen, ohne die evangelischen Gottesdienste zu besuchen. Ja! an einem Orte mußte ein Priester von der Kanzel dagegen eifern, daß die Bibel, welche der Erzbischof von Palermo ungefähr vor einem Jahre mit den schmutzigsten französischen Romanen zusammengestellt hat, während der Messe gelesen wurde.

Wenn ich nun einen Ueberblick über den gegenwärtigen Stand der Evangelisation Italiens geben soll, so ist es besonders nothwendig, daß ich die beiden evangelischen Parteien, die **Waldenser** und **eine aus dem Katholicismus hervorgegangene evangelische Partei** einzeln vorführe.

Die **Waldenser** sind mit großem Eifer und Ernst und bei aller Begeisterung doch mit Weisheit und Besonnenheit in das neue Berufsfeld eingetreten. Ich habe nur mit großer Freude

---

[1]) Die waldensische Zeitschrift Buona Novella ist neuerdings eingegangen. Dagegen wird in evangelischem Interesse vom Februar 1863 an in Florenz eine politisch-religiöse Zeitung La Via di Roma täglich erscheinen.

und voller Sympathie ihre Thätigkeit im Dienst des Herrn an=
sehen können. Sie stehen mit Festigkeit und Entschiedenheit auf
evangelischem Boden, ohne engherzig zu sein. Ihre Predigt stellt
sich in den Mittelpunkt der Heilslehre und wendet sich an die
Gewissen. Sie hat im Allgemeinen viel Anschaulichkeit und Le=
bendigkeit, ohne doch wie die Reden eines Gavazzi oder katholi=
scher Priester und Mönche ein Uebermaß von Gestikulation und
Mimik und Sinnlichkeit zu bieten. Sie bewahrt die Würde einer
geistlichen Rede und vermeidet das Komische. Die kleine Kirchen=
gemeinschaft der Waldenser hat nicht nur eine große Vergangen=
heit, sondern auch eine Gegenwart von großer Bedeutung und
geht — so hoffen wir — einer reichen Zukunft entgegen. Mit
geringen äußeren Mitteln haben die Waldenser bei großem Glau=
ben und herzlicher Liebe schon viel gethan, obwohl sie noch mit
anderen Schwierigkeiten zu kämpfen haben als mit dem Mangel
an Geld und Arbeitern. Es ist nicht zu läugnen, daß ihnen bis
jetzt viel Vorurtheil entgegensteht. Sie gelten vielfach ihrer Sprache
und Denkart wegen als Fremde. Bis 1848 war ja für sie
das übrige Italien abgesperrt und sie mußten in ihrer Mitte
die französische Sprache pflegen, die bei ihrem Gottesdienst
allein gesprochen werden durfte. Sie haben ihre besondere Ge=
schichte und ihr ganzes Wesen unterscheidet sich natürlicher Weise
sehr von dem der übrigen Italiener[1]). Man kann sich daher nicht

---

[1]) „Ich hatte gehofft," — schreibt ein Correspondent in den Prot. Monats=
blättern 1861, Jan. S. 53 aus den waldensischen Thälern — „bedeutend größere
Lebendigkeit auf der Kanzel zu finden, aber der Typus französisch=schweizerischen
Wesens war nicht nur bei den Geistlichen, die ich hörte, vorherrschend, sondern
mit wenigen Unterschieden überall verbreitet." S. 67 heißt es: „Die Waldenser
kennen selbst sehr wohl, und besser als wir, die nicht geringen Unterschiede zwi=
schen ihrer Individualität und der der Italiener — Unterschiede, die um jeden
Breitengrad südlicher immer stärker werden, — deren Ueberwindung erst sehr
allmählich durch gleiche herbe Schicksale, große Fügungen, ähnliche nationale
Ziele und durch das Evangelium selbst angebahnt und vollendet werden kann."
Doch wird sehr richtig angemerkt: „Uebrigens hat man großes Unrecht, die
Waldenser für pure Franzosen zu halten; ein Piemontese unterscheidet sich viel
stärker vom Florentiner und dieser vom Neapolitaner als der Erstere von einem
Waldenser."

wundern, wenn sie ihnen als Fremde erscheinen. Die von nationalem Eifer hingerissenen Italiener wollen aber nichts von Fremden nehmen, wenigstens nicht eine eigenthümlich gestaltete kirchliche Lehre und Verfassung. Doch werden sich ihre Vorurtheile und Abneigungen gegen die Waldenser immer mehr vermindern, da diese in der That mit ganzem Herzen an Italien hängen; bei regem Verkehr mit der übrigen italienischen Welt werden sie sich bald größeres Vertrauen erwerben und an Einwirkungskraft gewinnen. Sie lassen es sich besonders sehr angelegen sein, die reine italienische Sprache unter sich heimisch zu machen, welche italienische Ohren so ungern vermissen. In den waldensischen Schulen wird großer Werth auf Erlernung toskanischer Sprache gelegt. Auch die Verlegung der theologischen Lehranstalt aus den Thälern nach Florenz ist ein sehr bedeutender und heilsamer Fortschritt gewesen. Ich will nicht läugnen, daß die Waldenser hier und da durch falsche Schritte dazu beigetragen haben, daß Abneigung und Vorurtheil gegen sie entstanden ist. Aber es ist ein ungerechter Vorwurf, wenn man sie heutzutage eines ängstlichen Wachens über Einführung der Verfassung und der gottesdienstlichen Formen der Thäler beschuldigt. Ihr eigenthümliches Gepräge tritt in der Mission bescheiden zurück. Ihre Arbeiter treten als Evangelisten auf, nicht als waldensische Pfarrer. Um eine rasche Organisation der Gemeinden ist es ihnen nicht zu thun. Ihre Kirchenordnung steht den Wünschen der Italiener näher als andere; aber es liegt ihnen fern, sie außerhalb der Thäler aufzudrängen. Besonders das geistliche Amt macht sich so wenig in einer für Italiener lästigen Weise geltend, daß Reden und Beten der Laien in gottesdienstlichen Versammlungen gestattet wird. Sie suchen nicht das Eigene, sondern das Reich Christi. Daß sie ihre Kirchengemeinschaft soviel als möglich zurücktreten lassen, geht auch daraus hervor, daß nicht die Tafel, ihr eigentliches Kirchenregiment, sondern eine besondere Commission die Evangelisation leitet.

Nach dem diesjährigen Bericht dieser Commission[1]) bestehen

---

[1]) Nähere Mittheilungen aus demselben habe ich in der Neuen Evang. Kirchen-Zeitung 1862, Nr. 30 gegeben.

Stationen der Waldenser in Turin, Courmayeur, Aosta, Verrés, (Châtillon, Carema), Casale, Pignerolo, Pietra-Marazzi bei Alessandria, Genua (Favale), Mailand (Brescia, Bergamo), Florenz, Livorno, Modena (Bologna, Reggio), auf der Insel Elba und in Palermo[1]). Die meisten Stationen zählen etwa 50—100 Seelen; die bedeutendsten und blühendsten sind die zu Turin, Genua und Livorno. An diesen drei Orten werden die Gottesdienste von mehreren Hunderten besucht. Um eine ungefähre Zahl anzugeben, will ich sagen, daß sich im Ganzen außerhalb der Thäler etwa 1500—2000 Italiener sonntäglich zu den waldensischen Gottesdiensten halten mögen[2]). Elf theologisch gebildete Evangelisten sind im Dienste der waldensischen Kirche thätig, außerdem aber mehrere Evangelisten aus dem Laienstande. An den bedeutenderen Orten sind blühende Schulen gestiftet. Die Geldmittel der Waldenser sind sehr beschränkt, aber ganz besonders fühlbar ist der Mangel an Arbeitern. Es ist natürlich, daß die kleine Kirchengemeinschaft aus ihrer Mitte nicht genug Geistliche heranbilden kann, um nach Versorgung der Parochien in den Thälern eine dem Bedürfniß entsprechende Zahl von Evangelisten aussenden zu können. Sie hat aber mit vielem Erfolg Laien zur geistlichen Arbeit herangezogen und der Gedanke ist schon angeregt worden, ob es nicht thunlich sei, in den Thälern soviel als möglich durch bewährte Aelteste die Pfarrer vertreten und diese braußen für die Evangelisation arbeiten zu lassen. Auch ergeht vielfach die Bitte an ausländische Theologen, sich in der italienischen

---

[1]) Die eingeklammerten Orte sind Filiale der nebenstehenden Stationen. Auf der Insel Elba bestehen jetzt drei kleine Gemeinden: in Portoferrajo, Rio Marino und Longone.

[2]) Es scheint mir, daß im Allgemeinen viel mehr Männer als Frauen den evangelischen Gottesdiensten in Italien beiwohnen. Wenn auch überall das weibliche Geschlecht mehr religiöses Bedürfniß als das männliche zeigt, so ist es doch sehr natürlich, daß die Frau sich schwerer von dem Gewohnten losmacht und so lange wie möglich mit Pietät an dem Alten festhält. Sie steht in Italien viel mehr unter dem Einfluß der Priester als der Mann; ich habe es an einzelnen Beispielen gesehen, wie viel es ihr kostet, sich ihrem Einfluß zu entziehen.

Sprache auszubilden und Mitarbeiter an der Evangelisation Italiens zu werden. Besonders hofft man auch auf junge deutsche Theologen, wie denn überhaupt die Waldenser besonderen Werth legen auf jedes Band, das an die deutsche Theologie und Kirche anknüpft. Andererseits wird die Art und Weise der waldensischen Evangelisation in der deutschen Kirche ganz besonderes Verständniß und besondere Sympathie finden. Dennoch wird Deutschland gerade in der oben bezeichneten Weise wenig thun können; wenn sich in dieser Beziehung große Schwierigkeiten zeigen, so sollten wir aber um so mehr die Wege der Mithülfe gehn, die uns offen stehen.

Bevor ich von der anderen evangelisirenden Partei rede, will ich in der Kürze die Evangelisation des südlichen Italiens in ihren geringen Anfängen beschreiben, da sie eine gewisse Selbstständigkeit hat und sich nicht ganz in das Allgemeine einordnen läßt. Abgesehen von einer kleinen waldensischen Station in Palermo[1]) beschränkt sich die evangelische Predigt und Bewegung bis jetzt auf Neapel. Zwei Parteien sind dort thätig, die aber mit den verwandten Parteien der oberitalienischen Evangelisation nicht ganz zusammenfallen. Ein aus Fremden bestehendes Comité hat einen Gottesdienst und eine Knabenschule gegründet. Diese steht in voller Blüthe und jener wird ziemlich stark besucht. Ueber

---

[1]) Neuerdings hat diese Station von ihrem bisherigen vortrefflichen Evangelisten G. Appia verlassen werden müssen, der trotz seines Eifers nur eine kleine Schaar um sich hatte sammeln können. Er hat mit großer Selbstverläugnung gekämpft und geschrieben gegen Priester, die ihn und seine Sache mit den schmutzigsten Waffen angegriffen hatten. Seine Arbeit wird nicht vergeblich gewesen sein; sie hat gewiß das Evangelium noch vielen Anderen näher gebracht, als denen, die sich öffentlich zu ihm gehalten haben. Er selbst sagt von Sicilien (vgl. Neue Evang. Kirchenzeitung 1862. Nr. 50): „Der Katholicismus hat sich dort ohne jedes Hinderniß in seiner ganzen Eigenthümlichkeit entfalten und verwirklichen können. Nirgends trägt er vielleicht weniger als dort den Charakter eines Kampfes gegen die Ketzerei; sein Charakter ist vielmehr dort der eines seiner selbst beständig gewissen Sieges und einer Kraft, die, niemals an sich selbst zweifelhaft geworden, es gar nicht für nöthig hält, sich zu vertheidigen." Es ist schon etwas, daß Appia nun den Katholicismus in Sicilien gezwungen hat, an seine Vertheidigung zu denken.

200 Zuhörer haben sich meist eingefunden. Der Gottesdienst wurde früher von Albarella, der in der Geschichte der evangelischen Bewegung schon seit langer Zeit eine Rolle spielt, geleitet: jetzt ist Perez, ein früherer Jesuit, an seine Stelle getreten. Es ist sehr zu bedauern, daß in diesem Kreise das Politische und wie es scheint oft im mazzinistischen Sinne sehr in den Vordergrund tritt. Das Centrum des evangelischen Christenthums kommt nicht zu vollem Recht; die evangelische Predigt wird überwuchert von einer eifrigen Polemik, welche die römischen Irrthümer doch mehr auf der Oberfläche als in der Tiefe angreift. Mancher ernste Neapolitaner mag dort Nahrung suchen, aber es ist natürlich, daß sich auch viele schlechte Elemente angezogen fühlen. Doch hat die gegründete Knabenschule großen Werth. Auch eine von 40 Handwerkern besuchte Abendschule hat Gutes gewirkt. Manche schaffen die Bilder der Heiligen und die Lichter, welche ihnen zu Ehren angezündet waren, fort und sagen: „Jetzt da das Licht Jesu uns erleuchtet und die Priester uns nicht mehr blind machen können, brauchen wir nicht mehr Wachs und Licht für die Götzenbilder." — Ich habe viel größere Sympathie für die stillere, aber echt evangelische Wirksamkeit des Marchese Cresi-Vastavini, eines Neapolitaners aus Aquila, der 1848 sein Vaterland verlassen mußte und 1860, nachdem er inzwischen in Genf theologische Studien gemacht, nach Neapel gekommen ist, um dort für das Reich Gottes zu wirken. Cresi steht bis jetzt ganz isolirt da. Doch ist er im Begriff in ein näheres Verhältniß zu den Waldensern zu treten, ohne seine Selbstständigkeit ganz aufgeben und ohne ihr Glaubensbekenntniß in allen Punkten unterschreiben zu wollen[1]). Er leitet Gottesdienste an zwei verschiedenen Punkten der Stadt: vor etwa einem Jahre wurde zum ersten Male das heilige Abendmahl von ihm ausgetheilt, an ungefähr 20 Com-

---

[1]) Die Waldenser fordern natürlich von ihren Evangelisten die Zustimmung zu dem wesentlichen Inhalt ihres Glaubensbekenntnisses (von 1655); aber sie gehen nicht so weit, daß sie etwa Solche ausschließen würden, die sich zu dem Buchstaben ihrer Prädestinationslehre oder ihrer strengeren Inspirationstheorie nicht bekennen könnten.

munikanten. Die Zahl seiner Zuhörer ist bedeutend größer, wenn sie auch nicht der Zahl derer gleichkommt, die den anderen Gottesdienst besuchen. Unter seiner Leitung steht eine von 50 Kindern besuchte Mädchenschule, von deren gutem Fortgang ich schon Zeugniß abgelegt habe und eine in den Anfängen begriffene jetzt 34 Schüler zählende höhere Knabenschule[1]). Von einem sehr erfreulichen Ereigniß wird neuerdings berichtet (vergl. Neue Evang. Kirchenzeitung Nr. 47). Die evangelische Gemeinde hat unter dem Vorsitze Cresi's den Frieden zwischen zwei leidenschaftlich erhitzten Parteien einer zu gegenseitiger Unterstützung gegründeten Handwerker-Gesellschaft vermittelt und so Terrain gewonnen. — Der Süden Italiens liegt im Uebrigen abgesehen von Bibelcolportage für das Evangelium noch brach, obwohl in einigen Provinzen vielleicht auf eine Ernte zu rechnen wäre. So hat die Bevölkerung Kalabriens zwar eine gewisse Wildheit immer gezeigt und hat früher einen ganz besonderen Reichthum an Räubern aufgewiesen, aber es sind bei der größeren Selbstständigkeit und Männlichkeit der Kalabresen auch nicht wenige Spuren einer freieren evangelischen Richtung hervorgetreten. Ein Geistlicher in Kalabrien hat vor vielen Jahren im Verborgenen Miltons verlorenes Paradies und das neue Testament übersetzt und schon vor dem Anfang der neueren Bewegung hatte man nicht selten Gelegenheit, aus dem Munde dortiger Priester freie Aeußerungen in evangelischem Sinne zu hören. Auch aus den Abbruzzen wird von evangelischen Re-

---

[1]) Nach neuesten Nachrichten haben sich die Verhältnisse in Neapel geändert. Der „evangelische Verein," der zuletzt von Perez geleitet wurde, hat sich aufgelöst. Dieser katholische Priester hat sich, wie Viele vor ihm, nicht bewährt. Die bisherigen Glieder des Vereins wollen sich wieder vereinigen als „evangelische Gemeinde," haben außer Cresi auch Appia, einen waldensischen Evangelisten, von dessen Wirksamkeit in Palermo schon die Rede war, berufen, sie zu organisiren und wollen einen von ihnen zum Pastor wählen. Bis jetzt ist die Sache noch nicht weit gediehen; doch muß man die Auflösung des evangelischen Vereins als einen Fortschritt ansehen. Es scheint in Neapel zur Einigkeit in der Evangelisation kommen zu wollen. Kürzlich haben bei einer Versammlung sich Appia, Cresi und Mazzarella betheiligt. (Vgl. Neue Ev. Kirchenzeitung 1862. Nr. 46.) Die Schule, welche neben denen Cresi's bestand, ist gleichfalls aufgelöst.

gungen berichtet. In der Buona Novella vom 31. October dieses
Jahres ist ein interessantes Schreiben eines jungen Mannes aus
Atessa abgedruckt, welches ich auszugsweise mittheilen will. „Ja!
Italien — heißt es in dem Briefe — ist schon frei, unabhängig
und einig . . . . Aber seine Erlösung ist noch nicht vollendet.
Die politische Einheit eines Volkes ist eine Chimäre ohne die
moralische Einheit und diese hängt zum großen Theil, ja! ich
möchte sagen ausschließlich, von der religiösen Einheit ab. Ist
nicht die Religion die kräftigste Triebfeder der Civilisation und
des Fortschritts? — Aber giebt es religiöse Einheit auf unserer
Halbinsel? Oder giebt es überhaupt Religion in Italien, zumal
in unseren südlichen Provinzen? Der Aberglaube mit seinen
hypermystischen Formeln hat unser Volk, ich möchte fast sagen,
bis zu thierischer Natur erniedrigt, während der Indifferentis=
mus in den Vornehmen jedes religiöse Gefühl erstickt und sie
zu jeglicher Unsittlichkeit und selbst zum Atheismus anerzogen
hat. — Die Königin der Welt klagt in schwarzem Trauerkleid,
da sie sich preisgegeben sieht schwarzen Raben, deren Herz
voll Schande ist und keinen Raum für irgend ein Gefühl hat.
Der Wurm hat bis zum Marke des Baumes genagt, welchen
der Hügel des Vatican mit seinem bösen Schatten bedeckt; noch
ein Windstoß und er fällt, um nicht wieder aufzustehen. — Was
soll nun der Eckstein des neuen Gebäudes sein, welches das
dialectische Mittel, das durch Einigung unserer Gedanken und
unserer Bestrebungen unserer Halbinsel die moralische und reli=
giöse Einheit wieder giebt, welche so nothwendig ist für die Er=
haltung und Vollendung ihrer politischen Einheit? . . . . Das
Evangelium. — In diesem entfernten und dunklen Winkel der
schönen Halbinsel, wo ich aus Mangel an Mitteln verurtheilt
bin meine jungen Jahre hinzubringen, allezeit ergeben der Liebe
zur Wissenschaft und der eigenen Vervollkommnung, klopfte mir
— glauben Sie es mir — das Herz und weinte ich Freuden=
thränen, als ich hörte, daß eine Gesellschaft gegründet sei, die
wahrhaftig die Genugthuung dessen, der eine Pflicht erfüllt, fühlen
kann, indem sie das Herz eines Volkes erzieht und sich bestrebt, die

Gefühle des Vaterlandes, der Gleichheit, der Freiheit, der Liebe in ihm wieder ins Leben zu rufen. — Aber unser unglücklicher und verlassener Süden, welcher trotz seiner moralischen Verworfenheit nicht aufhört schön zu sein — wie lange wird er die Beute der schwarzen Kuttenträger bleiben, welche Freistätten des Lasters und des Betruges bewohnen, die der schwarze und betrügerische Mantel der Religion bedeckt? Und wann, wann wird dieses Gespenst verjagt sein, das nur den Namen der Religion hat und sich aufrecht hält mit Hülfe der Gewalt, der Heuchelei, der Unwissenheit und des Irrthums? Seit zwei Jahren habe ich mich mit allen meinen Kräften an die Arbeit gemacht, damit von diesen meinen Landsleuten jener traurige unwürdige Schleier des Aberglaubens genommen würde und damit die reinen und theueren Freuden der wahren Religion der Liebe, welche zum Haupte Christum, zur Urkunde das Evangelium hat, auf ihr Herz niederfließen möchten, wie ein kühler Thau auf den Blumenkelch; aber ich habe den Erfolg nicht erreicht, welchen mein jugendliches Alter mir vorspiegelte und mich hoffen ließ. Die Wahrheit verbreitet sich mit Hülfe von Vereinigungen; daher entschloß ich mich zu diesem Zwecke ein evangelisches Comité für die Abbruzzen zu gründen; und nicht wenige junge Männer seufzen mit mir nach dem Augenblick der moralischen Wiedergeburt Italiens und sind mit mir bereit, für die Wahrheit mit Wort und Beispiel zu kämpfen und sie mit dem Blute zu besiegeln. Daher wende ich mich an Sie mit der Bitte, mich mit Ihren weisen Rathschlägen und Belehrungen zu beehren und mir die Bücher darzureichen, welche Sie für besonders geeignet halten, das Licht der Wahrheit zu verbreiten." — Es ist zu hoffen, daß die evangelische Mission bald weiter vordringen kann in dem Süden Italiens. Doch ist im Großen und Ganzen der Boden im nördlichen Italien viel besser vorbereitet.

Ich muß nun den anderen Zweig der Evangelisation beschreiben[1]), welchen man meist mit dem Vorwurfe des Darbis-

---

[1]) Es giebt nur einzelne Evangelisten, die weder zu der waldensischen Gemeinschaft gehören noch die Richtung der evangelischen Vereine theilen. So

mus kennzeichnet. Man thut aber besser bei dem Namen stehen zu bleiben, welchen die hierher gehörigen Kreise sich selbst beilegen. Sie nennen sich "evangelische Vereine" Italiens. Bis 1854 war das ganze evangelische Missionswerk in Italien in den Händen der Waldenser; Evangelisten, die aus der katholischen Kirche hervorgegangen waren, wie Mazzarella und de Sanctis, schlossen sich völlig an sie an. Mißverständnisse und Meinungsverschiedenheiten führten dann aber zu einer Scheidung, die noch heute besteht. Es bildeten sich zunächst in Turin und Genua unter Leitung der genannten Männer italienische evangelische Vereine, die nach und nach in vielen Städten Italiens Nachfolge gefunden haben. Wenn auch die nächste Veranlassung zur Absonderung nur in einer speciellen und nicht sehr tief greifenden Frage lag[1]), so fehlte doch dieser evangelischen Partei von Anfang

---

hatte z. B. Gavazzi in Florenz seinen besonderen Kreis und machte mit keiner der Parteien völlige Gemeinschaft.

[1]) Witte sucht die Veranlassung der Scheidung auf Grund eines von Mazzarella geschriebnen offenen Briefes darin, daß die Waldenser, ohne auf Mazzarella's Protest zu hören, eine frühere katholische Kirche in Genua, die gekauft worden war, um sie zu einer evangelischen Kirche einzurichten, aber wegen des Einspruches des katholischen Klerus nicht zu evangelischem Gottesdienst benutzt werden durfte, wieder verkauften an katholische Priester. Dieser Schritt der Waldenser, mag man ihn rechtfertigen oder mißbilligen, hat jedenfalls zur Entfremdung Mazzarella's beigetragen. Aber schon vorher oder gleichzeitig waren auch in Turin, wo de Sanctis im Dienste der Waldenser wirkte, Reibungen entstanden. Ein Brief aus Turin vom December 1854 in den Protest. Monatsblättern 1855. Febr. S. 136 ff. berichtet von dem Vorfall in Genua, sagt aber schon vorher von der Turiner Gemeinde: "In Frieden und Eintracht lebten nun Italiener und Franzosen (Waldenser) mit einander fort, bis vor ganz kurzer Zeit zwischen den Leitern dieser kleinen Heerde Uneinigkeit entstand; worüber — und wer die Hauptschuld trägt — das mag ich nicht entscheiden, da ich zu verschiedene Erzählungen gehört habe. Allein die Aeußerlichkeiten und Persönlichkeiten thun, meiner Ansicht nach, nichts oder wenig zur Sache." Nach dem, was mir erzählt worden ist, möchte auch ich den Anlaß in persönlichen Reibungen, an denen beide Theile schuldig sind, suchen; vor Allem aber muß man bedenken, daß wenig äußerliche Veranlassung hinzuzukommen brauchte, um die in großer Verschiedenheit der Richtung begründete Trennung herbeizuführen.

an nicht der besondere Charakter, welcher sie noch heute von der waldensischen Kirche unterscheidet. Sie entspricht einer Richtung, welche unter den der katholischen Kirche entfremdeten Italienern weit verbreitet ist, der Richtung auf eine **selbstständige italienische Reformation**. Daher schließt sie sich gegen jedes auf fremdem Boden erwachsene Kirchenwesen, auch gegen das waldensische, ab, da ja die Thäler, wie ich oben mitgetheilt habe, als fremdes Land angesehen werden. Es hängt mit dem Verlangen nach einer selbstständigen Reformation zusammen, daß die Männer dieser Richtung den Namen "Protestanten" häufig ablehnen, während sie sich evangelisch nennen. Ich will einige gegen den Protestantismus als eine fremde Pflanze gerichtete Zeugnisse zusammenstellen, die wohl unter einander noch verschieden sind, aber alle zeigen, wie die dem Evangelium irgendwie geneigten Italiener sich zu sträuben pflegen gegen die Ueberpflanzung irgend eines historisch gegebenen protestantischen Kirchenwesens. So heißt es in einer evangelischen Geist athmenden Selbstbiographie eines katholischen Priesters, welche sich in dem schon oben angeführten Buche eines toskanischen Exilirten findet: "Italiener von ganzem Herzen, kann ich mich nicht unter Fremdes schmiegen, und schon vor dem Verdacht, daß ich die Religion wechseln möchte, um die Protection eines reichen Fremden oder einer Gesellschaft zu erlangen, flieht meine Seele mit aller Macht. Italien ist nothwendiger Weise katholisch, und nichts ist kläglicher als die Anstrengungen einiger Emissäre, es evangelisch zu machen. Sie bringen mich zum Lachen, wenn sie von großen Eroberungen reden, weil sie einige Bibeln verkauft und einen oder zwei von einer halben Million bekehrt haben. Eine energische radicale Reformation wünsche ich mir; aber ganz italienisch soll sie sein. Protestantismus wollen wir nicht; Luther und Calvin taugen nichts für uns." Gavazzi führt in einer Rede aus, daß die italienische Bewegung nicht gegen die Religion gerichtet sei. Er sagt: "Wo Freiheit herrscht, da herrschet Gottes Geist, das ist der Ausspruch des Apostels Paulus; wenn wir völlige Freiheit unter uns haben werden in der Politik, dann wird der Geist Gottes sich dem Volk in seiner ganzen Fülle zeigen; ich wünsche mir Glück und wünsche meinen Italienern Glück, daß nach 15 Jahrhunderten der Schmach oder der Unterdrückung oder der Knechtschaft, mein Italien im Jahre 1860 zur Reinheit, zur Wahrheit, zur Schönheit des evangelischen Christenthums zurückkehrt, wie es vor 18 Jahrhunderten in Italien bestand durch die Predigt des Apostels Paulus zu Rom!... Nein, nein, entsetzt euch nicht; ich werde es in jedem Winkel Italiens wiederholen; nein, Italiener! Niemand will euch zu Protestanten machen, ich noch weniger als irgend ein Anderer! Nein! Italien hat mit Christenthum begonnen, es soll mit Christenthum aufhören! Was ich meinen Italienern wünsche, ist das schöne Christenthum, welches in den ersten Jahrhunderten der italienischen Kirche bis auf den Kaiser Constantin leuchtete, das Christenthum der Confessoren, das Christenthum der Märtyrer." Derselbe Redner wehrt sich in einer Volksrede gegen die in Neapel vielfach ausgesprochene Beschuldigung, er sei Protestant und spricht: „Wenn ich auch ein aufrichtiger Protestant wäre, so wäre ich doch ein besserer Christ als viele Millionen römischer Katholiken, die in Italien leben, und als viele Tausende von Priestern und Mönchen; denn aufrichtiger Protestant will sagen: ein evangelischer Christ, welcher an Jesum Christum glaubt und dem Evangelium nach seiner ganzen Reinheit gehorcht. —. Aber ich bin nicht Protestant. Meine Freunde wissen es, daß ich gegen die Verpflanzung des Protestantismus nach Italien gepredigt und gesagt habe, ich würde der Erste sein, der sich allen Dienern fremder Kirchen widersetze, welche Italien protestantisch machen wollten." Graf Guicciardini sagt in einem Bericht, auf welchen ich noch zurückkommen werde: „Es wäre reine Zeitverschwendung, Waldenserthum, Presbyterianismus, Nationalismus oder irgend ein System reformirter politischer Religion (any system of reformed political religion) in Italien einzuführen. In der That glaube ich, daß die Italiener, welche den Aberglauben Roms verlassen, niemals irgend ein System des Protestantismus sich aneignen werden, welches für sie eine ausländische Pflanze ist." De Sanctis fündigt ein Blatt: la Discussione pacifica an mit den Worten:

„Unsere Leser brauchen nicht zu fürchten, daß es den Protestantismus ausbreiten wolle oder irgend eine andere neue Secte. Nein! Nur das Evangelium, das ganze Evangelium, nichts Anderes als das Evangelium — das ist unsere Losung, unser Programm. Die Priester werden uns des Protestantismus beschuldigen; aber sie verstehen sich auf's Lügen; und das Volk kennt sie hinreichend, um ihren Worten nicht mehr zu glauben. Die Disc. pacif. wird dem italienischen Volk das reine und heilige Christenthum vorhalten, welches der Gottmensch mit seinem Blut besiegelt hat; jenes Christenthum, welches St. Paulus unseren Vätern predigte, und wird auf die Zusätze hinweisen, welche von Menschen in ihrem eigenen Interesse gemacht worden sind." (Buona Novella 1862, Nr. 2.) Niemand wird solchen Anschauungen ohne Weiteres alle Berechtigung absprechen. Mag es auch sein, daß sich dabei zuweilen eine falsche Nationaleitelkeit einmischt und hier und da auch eine Abneigung gegen kirchliche Sitten und Einrichtungen, auf welche alle protestantischen Kirchen Werth legen, so ist doch der Grundgedanke gewiß richtig, daß die Eigenthümlichkeit Italiens, zumal unter den gegenwärtigen Verhältnissen, eine eigenthümliche Reformation fordert und sich nicht ohne Weiteres unter das auf anderem Boden Erwachsene schmiegen kann. So falsch es ist, zu sagen, der Protestantismus sei nur für die germanischen Völker da, die Romanen seien für den Katholicismus bestimmt, so richtig ist es, zu sagen, der Protestantismus der germanischen Völker lasse sich nicht in seiner fertigen Gestalt nach Italien übertragen. Thun die Italiener nicht Recht daran, daß sie es ablehnen, Bekenntniß und Verfassung einer fremden Kirchengemeinschaft sich anzueignen und auf die heilige Schrift als die Norm ihrer Reformation zurückgehen? Thun sie nicht Recht daran, daß sie ihren Kirchenbau dem besonderen Charakter ihrer Nation und den besonderen Bedürfnissen derer gemäß beginnen wollen, welche soeben aus dem Katholicismus herausgetreten sind? Oder sollen wir sie tadeln, daß sie auch an die alte Tradition der Waldenser nicht anknüpfen wollen und eine auf italienischem Boden erwachsene Gemeinde wie eine fremde Pflanze ansehen? Ich glaube, in diesem

Verlangen nach einer selbstständigen Entwicklung der italienischen Reformation, durch welches ein Lernen und Empfangen aus der evangelischen Tradition nicht ausgeschlossen wird, liegt der Fehler der Männer nicht, welche die Seele der evangelischen Vereine bilden. Sind ihnen Vorwürfe zu machen, so müssen sie einen anderen Punkt treffen. Unten wird die von der vorigen wesentlich verschiedene Frage besprochen werden, ob der gute Grundgedanke einer volksthümlichen Reformation bisher eine richtige Ausführung gefunden hat. Ich will an dieser Stelle nur noch hinzufügen, daß die Eigenthümlichkeit dieser Partei, obwohl sie kein fremdes Glaubensbekenntniß sich aneignet und für jetzt wenigstens auf ein formulirtes Bekenntniß überhaupt verzichtet, den Waldensern und anderen evangelischen Kirchen gegenüber nicht sowohl in der Glaubenslehre hervortritt, als in Fragen des Cultus und der Kirchenverfassung. Wo evangelische Predigt gefunden wird in Italien, wird auch ein scharfes Ohr schwerlich eine Abweichung von den fundamentalen Lehren der evangelischen Kirche heraushören. Es lassen sich überhaupt nicht viele Parallelen ziehen zwischen der heutigen evangelischen Bewegung Italiens und der des 16. Jahrhunderts. An dieser Stelle ist besonders der Unterschied festzustellen, daß heute die Gottheit Christi in dem Bekenntniß der evangelischen Italiener obenan steht, während damals die Bewegung wohl die Rechtfertigung aus Gnaden hervorhob, aber mancherlei Irrlehre über die Trinität und über die Person Jesu Christi mit sich führte. Bei Witte wird ein sehr interessantes Glaubensbekenntniß in der Uebersetzung mitgetheilt, das von de Sanctis und Albarella zunächst für den evangelischen Verein in Turin abgefaßt ist und keineswegs die Bedeutung eines gemeinsamen Symbols aller dieser Vereine hat, aber doch der Hauptsache nach als ein Ausdruck des Glaubens anzusehen ist, in welchem sie alle mit großer Einigkeit stehen. Man wird dort die Grundlehren der evangelischen Kirche wieder finden, wenn auch zum Theil in einer Form, die sich unmittelbarer an das Wort Gottes anschließt als die unserer Bekenntnisse.

Es wird zunächst an der Zeit sein, einige statistische Notizen zu geben. Die evangelischen Vereine sind aus der Mitte Italiens hervorgegangen, haben nichts Fremdes für die Italiener und haben daher unter denen, welche evangelischen Sinn haben, einen guten Boden gefunden. Die Zahl ihrer Zugehörigen im ganzen nördlichen Italien mag ungefähr der Zahl derer gleichkommen, welche sich außerhalb der Thäler zu den Waldensern halten. Ihr Mittelpunkt ist Florenz, wo mehr als 400 Italiener ihre Gottesdienste besuchen. Dort haben sie das entschiedene Uebergewicht über die Waldenser, während es sich in Turin umgekehrt stellt und in Genua beide Richtungen ziemlich gleichmäßig vertreten sind. Die Zahl ihrer Stationen ist größer als die der waldensischen. Nach einem am Ende des Jahres 1861 vom Grafen Guicciardini erstatteten Visitationsbericht giebt es evangelische Vereine in Mailand, Pavia, Brescia, Bologna, Novara, Fara, Graglia, Biella, Turin, Asti, Alessandria, Spinetta, Novi, Genua, Eza, Vallecrosia, Spezzia, Lerici, Arcola, Serzana, Pisa, Pontedera, Florenz. Die Evangelisten sind zum Theil frühere katholische Priester, meist aber sind sie aus dem Laienstande hervorgegangen und theologisch nicht gebildet. Dadurch, daß auf theologische Bildung kein Gewicht gelegt wird, wird es dieser Partei leichter als den Waldensern, eine große Zahl von Posten zu besetzen. An der Spitze der ganzen Richtung aber stehen sehr bedeutende und in jeder Beziehung durchgebildete Persönlichkeiten. Da ist der frühere Advocat Mazzarella, der eine Zeit lang in enger Gemeinschaft mit den Waldensern stand, in deren Mitte er nach schweren Kämpfen zum Glauben durchgedrungen war. Er ist jetzt Professor der Philosophie in Bologna. Ueber den Kreis der Evangelischen hinaus ist er in Italien sehr angesehen als philosophischer Schriftsteller, besonders wegen seines Werkes: „Kritik der Wissenschaft." Als Redner wird er unter den evangelischen Italienern kaum seines Gleichen finden. Da ist de Sanctis, der als katholischer Theologe und als Untersuchungsrichter bei der römischen Inquisition den Katholicismus bis auf den Grund kennen gelernt hat, der zugleich seinem Volk in's Herz sieht und wie kein Anderer für dasselbe zu schreiben versteht. Da ist der Graf Guicciardini, der schon aus den vierziger Jahren durch sein evangelisches Bekennen und Dulden bekannte Florentiner; da ist Gualtieri, ein früherer katholischer Priester von großen Gaben, jetzt Evangelist in Florenz. Alle diese Männer vereinigen mit gründlicher evangelischer Erkenntniß eine warme evangelische Gesinnung. Soweit ihr Einfluß reicht, ist die Evangelisation Italiens gewiß in guten Händen. Aber wir haben es hier nicht mit einer geschlossenen, verfaßten Kirchengemeinschaft zu thun wie der waldensischen. Die nur lose verbundenen Gesellschaften und ihre Evangelisten stehen in solcher Freiheit und Selbstständigkeit da, daß sich wohl schwer ein Gesammturtheil über alle fällen läßt. Da mögen mancherlei Schattirungen zwischen echt evangelischer Haltung und einer mehr polemisirenden und politisirenden Richtung vorkommen, da mögen einzelne Kreise sein, die dem oben gezeichneten Charakter der evangelischen Bewegung Italiens nicht ganz entsprechen, während die waldensischen keinen Anlaß bieten, Ausnahmen von der Regel anzuerkennen. Aber vorwiegend — daran zweifle ich nicht — ist in den evangelischen Vereinen der Geist, welcher die genannten trefflichen Männer beherrscht. Ihr Einfluß wird sich immer mehr geltend machen. Die folgende Prüfung darf von dem thatsächlichen Zustand einzelner Kreise absehen. Sie wird darauf achten, welchen Charakter die kirchliche Neubildung hat, auf welche die hervorragenden Männer dieser Richtung ausgehen.

Ich habe oben nur zu zeigen gesucht, daß es ein gesunder Gedanke dieser Partei ist, nicht englische oder schweizerische oder deutsche Reformation nachbilden zu wollen, sondern auf eine volksthümliche italienische Reformation auszugehen. Es fragt sich nun aber weiter, in welcher Weise sie diese zu Stande bringen wollen. „Einfache, schriftgemäße, von aller Tradition absehende Reproduction des Urchristenthums" ist richtig als ihr Princip bezeichnet worden. Wir haben nun dieses näher zu prüfen, jedoch nur soweit es das Princip ihrer Kirchenordnung ist. Denn ihrem Glaubensbekenntniß ist noch von keiner Seite ein Vorwurf gemacht worden, der uns veranlassen könnte, auch nach dieser Seite ihrem Verhältniß zur Schrift und Tradition weiter nachzugehen, als es schon geschehen ist. Dagegen ist es Thatsache, daß ein ähnliches Princip der Kirchenordnung, wie das oben bezeichnete, der Ausgangspunkt für manche Sectenverirrung gewesen ist. Merkwürdiger Weise hat man freilich vor Allem die Verwandtschaft der evangelischen Vereine mit einer Secte behauptet, deren Princip ein ganz andres ist. Man nennt die Glieder der evangelischen Vereine meist Darbisten (Plymouthisten), während alle ihre Vertreter immer von Neuem gegen diese vorwurfsvolle Benennung protestiren. Jedenfalls haben sie dazu ein völliges Recht, wenn man unter Darbismus das Eigenthümliche der nach Darby benannten Secte versteht. In der That ist doch der Name Darbismus nicht willkürlich zu gebrauchen zur Bezeichnung einzelner Neigungen, die eine gewisse Verwandtschaft mit den Forderungen dieser Secte haben, sondern er bezeichnet vor Allem eine bestimmte Doctrin, aus welcher sich erst Folgerungen für das kirchliche Leben ergeben. Allerdings haben einige Apostel des Darbismus in Italien eine Wirksamkeit gesucht; aber ich glaube nicht, daß sie mit ihren Lehren einen nachhaltigen Eindruck gemacht haben. Jedenfalls dehnt sich die Antipathie der evangelischen Vereine gegen den fremden Protestantismus auch auf die fremden Secten aus. So erzählt Guicciardini von einem Missionar, der durch exclusive und sectirerische Lehren in Mailand und Alessandria Störungen anrichtete und fügt hinzu: „Wir haben das Vertrauen, daß die Kirche in Italien weder eine Form weltlichen Christenthums annehmen, noch die exclusiven Lehren irgend einer fremden Secte sich aneignen wird." Doch wollen wir den erhobenen Vorwurf näher prüfen. Eine kurze Charakteristik des Darbismus wird nicht überflüssig sein[1]). Nach Darby soll heutzutage auf jede kirchliche Organisation deswegen verzichtet werden, weil die als ein sichtbarer Leib Christi gestiftete Kirche schon in apostolischer Zeit durch Vermischung mit der Welt, durch Spaltung

---

[1]) Ich gebe einen kurzen Auszug aus den Mittheilungen des auch nach dieser Seite sehr lehrreichen Buchs: „Die reformirte Kirche Genfs im 19. Jahrhundert" von v. d. Goltz. (S. 362 ff.)

und durch willkürliche Aufrichtung menschlicher Auctorität ungehorsam geworden sei gegen den Willen Gottes und, aus der göttlichen Oeconomie herausgetreten, nun nicht mehr als äußere Anstalt existire, da Gott niemals eine Oeconomie wieder herstelle, welche der Mensch einmal durch seine Untreue verdorben habe. Die Anweisungen der Apostel für das Gemeindeleben finden demzufolge keine Anwendung mehr auf die heutige Christenheit. Kirchenordnungen, Aemter u. s. w. sind vom Teufel und eine Auflehnung des Menschen gegen Gott, der allein das Recht hat, seine Kirche zu organisiren. Die Christen sollen sich von den verderbten kirchlichen Anstalten der Welt lossagen und ihre Einheit allein als Glieder an einem unsichtbaren Leibe haben. Sie sollen sich als einfache Brüder versammeln und ihre Leitung nicht Menschen, sondern dem heiligen Geiste überlassen. Die Gaben, welche Gott in den Versammlungen erweckt, sollen nicht durch Wahl und Abstimmung, sondern allein durch ihre innere Kraft legitimirt werden. — Dieses darbistische System ist durchaus nicht das Fundament der evangelischen Vereine Italiens. Diese sehen vielmehr die Anweisungen der Apostel für das Gemeindeleben als noch heute gültig und maßgebend an und suchen, ohne Rücksicht auf die Tradition, an die Verfassung der apostolischen Gemeinden anzuknüpfen. In dem schon oben angeführten Actenstück, welches die Grundsätze des Glaubens und der Kirchenordnung zunächst als Grundlage für die evangelisch-italienische Kirche in Turin feststellt, heißt es: „Da die Kirche, welche jetzt zu Turin ins Leben tritt, sich einzig und allein auf das Wort Gottes gründet, so nimmt sie den Namen einer evangelischen Kirche an. — Da sie sich durchaus nicht von dem Worte Gottes entfernen will, so erklärt sie hiermit für unwiderrufliche Grundsätze alles das, was sie im Worte für die Ordnung der Kirche vorgeschrieben findet, und erklärt, sich aller christlichen Freiheit bedienen zu wollen in den anderen Punkten, welche nicht ausdrücklich im Worte bestimmt sind. — In den gottesdienstlichen Versammlungen muß Alles genau befolgt werden, was das Wort Gottes, besonders im 11. und 14. Capitel des ersten Briefes an die Corinther, vorschreibt." Hiernach möchte man eher eine Verwandtschaft mit irvingianischen, als mit barbistischen Tendenzen in den evangelischen Vereinen suchen. Sehen beide Secten die apostolische Gemeindeverfassung als eine gesetzliche Ordnung Gottes an, die bestehen sollte und wissen beide von einem großen Abfall der Kirche in frühester Zeit, so sehen doch nur die Irvingianer das Heil der Christenheit in einer Herstellung der zerstörten Einrichtung Gottes. Aber auch mit ihnen haben die evangelischen Vereine keine tiefere Verwandtschaft, da sie zwar an die Tradition der christlichen Kirche sich nicht anschließen wollen, aber keineswegs jene Ansicht von der apostolischen Kirchenverfassung und von dem frühen Abfall der Kirche theilen.

Wie ist denn nun ihre Berufung auf Gottes Wort und ihr Protest gegen die Tradition zu verstehen? Sie wollen nichts Anderes als alle evangelischen Kirchen, sie wollen ihr kirchliches Leben nach dem Worte Gottes regeln und zwar allein nach dem Worte Gottes, da sie in ihrem Lande, sobald sie die katholische Tradition verwerfen, keine Ordnungen finden, an die sie naturgemäß anknüpfen könnten. Sie sind in einem ganz anderen Falle, als etwa die Secten, welche aus alten evangelischen Kirchengemeinschaften hervorgehen. Diese haben nur dann Veranlassung ihre Verfassung unmittelbar aus dem Worte Gottes zu erbauen, wenn sie in der Tradition ihrer bisherigen Kirche eine Verirrung erkennen. Die Rückkehr zum Worte Gottes ist bei ihnen zugleich eine Polemik gegen die Tradition ihrer evangelischen Kirche. Hier aber handelt es sich um einen völligen Neubau einer evangelischen Kirche und nur die Polemik gegen katholische Tradition ist ausgesprochen. Die evangelische Kirche besteht nirgends in einer Form, die nicht ihren Ursprung aus einer bestimmten Nation und besonderen Verhältnissen verriethe und daher auch nirgends in einer Form, deren unmittelbare Verpflanzung in ein neues Gebiet evangelischer Kirche zu fordern wäre. Mit vollem Recht sagen daher die evangelischen Italiener den Traditionen protestantischer Kirchen gegenüber: nur das Wort Gottes ist für uns maßgebend. Wird dieser Grundsatz in rechter Weise ausgeführt, so wird ihre Kirche auch innerhalb der allgemeinen evangelischen Tradition, die sich durch Abstraction freilich bestimmen läßt, stehen. Doch muß man ihre Berufung auf die heilige Schrift noch näher prüfen. Ich kann es nicht begründet finden, wenn der Vorwurf einer falschen Anwendung der heiligen Schrift erhoben wird. Herr Lic. Holtzmann hat in einer Recension des Witte'schen Buches gesagt: „An diesem Beispiel (eben an den evangelischen Vereinen Italiens) scheint dem Referenten besonders klar nachgewiesen werden zu können, was er an einem anderen Orte über die Nothwendigkeit auseinandergesetzt hat, in der Bibel das erste Glied kirchengeschichtlicher Litteratur nicht minder als den authentischen Abdruck des apostolischen Zeugnisses zu erkennen und beide Seiten richtig auseinander zu halten." Etwas Aehnliches wird in den Protest. Monatsbl. 1861. Jan. S. 57 gesagt: „Viel tiefer greift ein Irrthum, der selbst bei den Waldensern nicht völlig beseitigt ist, wenigstens nicht in der Theorie. Ich meine jenen biblischen Rigorismus, der auch im Reformationszeitalter wiederholt aufgetaucht ist, den aber die Leiter der damaligen Bewegung allerwärts siegreich, obwohl mehr mit richtigem Gefühl als mit bewußter Klarheit zurückgewiesen haben. Gerade in Italien setzt man ohne Weiteres an Stelle der römischen Kirchen- und Priestersatzungen die heilige Schrift — ohne zu erwägen, daß sie selbst durchaus nicht ein Gesetzbuch sein will, daß die ganze Art des Gehorsams in evangelischem Geiste eine unendlich geistigere und reicher vermittelte ist. Es ist eine böse Erbschaft aus der mittelalterlichen Anschauung des Christenthums, daß man dasselbe als neues Gesetz dem alten gegenüber stellte." Ein Fehlgriff dieser Art liegt besonders nahe und würde noch mehr als eine irrthümliche Exegese einzelner Stellen zu einer falschen Kirchenordnung führen. Aber ich finde nicht, daß von den evangelischen Vereinen in einer gesetzlichen Weise das Wort Gottes zur Richtschnur gemacht und die einzelnen Ermahnungen der Apostel, die mit besonderer Rücksicht auf Zeit und Ort gegeben sind, zu Geboten für die Kirche aller Zeiten gestempelt werden. Gerade die von de Sanctis' Kirchenordnung angeführten

Capitel, das 11. und das 14. des ersten Corintherbriefes enthalten vor Allem Grundregeln des kirchlichen Gemeinschaftslebens, Ausführungen des Themas: „Gott ist nicht ein Gott der Unordnung, sondern des Friedens," aber nicht specielle Gebote, die in ihrer concreten Form nur für die Gemeinde zu Corinth Geltung hätten; oder wenigstens was diesen Charakter hat, thut ihn auch so entschieden kund, daß die Kirchenordnung mit ihrer Berufung auf jene Capitel gewiß nicht diese Einzelheiten gemeint hat. Solcher Hinweis auf das Wort Gottes kann in einem Sinne gemeint sein, welcher eine Unterscheidung des Zeitlichen an den apostolischen Gemeinden und des für immer Gültigen in ihrer Ordnung wohl zuläßt. Man sucht in der heiligen Schrift nicht gesetzliche Vorschrift einer kirchlichen Verfassung, sondern Normen der Kirchenordnung.

Aber freilich steht es so, daß die einfachen Verhältnisse, in welchen die evangelischen Vereine stehen, sehr viel Analogie haben mit denen, in welchen wir die ersten apostolischen Gemeinden sehen. Ein Apostel zieht dort in die heidnischen Länder aus und sammelt von Stadt zu Stadt fromme Häuflein um die Predigt von Christo. Er bringt ihnen nicht eine fertige Kirchenordnung und Amtsordnung mit. Aber allmählich werden die Häuflein, die sich aus Heiden und Juden ausgesondert haben, nach einer natürlichen Entwickelung und unter seinem Rath zu geordneten Gemeinden mit Aemtern und stetigen Formen, suchen und finden in ihrer Mitte Männer, die zu den als nothwendig erkannten Aemtern taugen, gliedern sich nach innen und reichen anderen Gemeinden die Hand. Aehnliches können wir jetzt in Italien sehen. Kleine Gruppen von evangelischen Gläubigen treten aus der katholischen Welt heraus, vereinigen sich zunächst familienartig um Gottes Wort und werden nach und nach zu geordneten Gemeinden. Anderswo mag das Schriftgemäße in dem strictesten Sinne leicht etwas Fremdartiges für eine Gemeinde werden und im tiefsten Grunde sehr wenig schriftgemäß sein; hier aber wird das im engeren Sinne Schriftgemäße auch das natürlich Gegebene sein. Es würde zu weit führen, alles Einzelne, was den evan=

gelischen Vereinen in Bezug auf Cultus und Kirchenordnung eigen ist, in dieser Beziehung zu prüfen. Doch muß ich einige Bemerkungen über ihre Stellung zum Kirchenamte, welche besonders bedenklich gefunden worden ist, hinzufügen.

Zuvor mache ich noch darauf aufmerksam, wie lehrreich für uns, deren Augen an alte und längst geordnete Kirchen gewöhnt sind, die Beobachtung der sich neu bildenden italienischen Gemeinden werden kann. Wir können dort die fertigen Formen unserer Kirchen wie in den apostolischen Gemeinden in ihrer Genesis und ihrer natürlichen Entwickelung beobachten und wenn auch für Fragen des Cultus und der Kirchenverfassung unsere beste Vorbereitung immer das Forschen in den Schriften der Apostel sein wird, so kann doch die Anschauung gegenwärtiger kirchlicher Neubildung, die in ihnen ihre Norm sucht, dazu dienen, unserem Verständniß die Entwickelung der apostolischen Gemeinden näher zu rücken. Es ist schon viel gewonnen für eine gesunde Theorie der Kirchenordnung, wenn wir genöthigt werden, unseren Blick einmal von der kirchlichen Tradition auf eine Neugeburt der Gemeinde und des Amtes zu wenden. Die Formen, welche jene uns überliefert, werden uns sonst gar zu leicht starre Formen. Wenn ich so auf das theoretische Interesse hinweise, das die evangelischen Vereine Italiens uns bieten, so bin ich doch weit davon entfernt, zu behaupten, daß schon jetzt ihr richtiges Princip: schriftgemäße, von der Tradition absehende, italienische Reformation, sich in einer vollendeten Gestaltung ihres kirchlichen Lebens bewährt habe. Ihre Entwickelung hat kaum begonnen und ist noch zu keinem vollen Abschluß gekommen. In Zukunft werden wir an den Früchten erkennen können, ob das Princip in rechtem Geiste und rechtem Glauben ergriffen, ob es mit christlicher Weisheit durchgeführt worden ist. Noch ist uns ein abschließendes Urtheil über den Werth der evangelischen Vereine nicht möglich, kein anerkennendes, aber auch kein verwerfendes. Bisher kann man von Verirrung nicht reden, aber wohl besteht die Gefahr einer Verirrung.

Eine Verirrung hat man besonders in der Stellung der

evangelischen Vereine zum Kirchenamt finden wollen, auf welche ich nun zurückkomme. Es ist nicht zu läugnen, daß bei aller Verschiedenheit des Princips eine gewisse Aehnlichkeit in der Praxis der Darbisten und der Italiener hervortritt. Auch diese versammeln sich zunächst als einfache Brüder und gestatten Jedem das Wort, der zu ihrer Erbauung reden will; auch haben sie keine formulirte Liturgie; sie verschmähen wie die Darbisten den Formalismus so sehr, daß selbst das Vaterunser im Cultus keine Stelle findet. Aber hierauf beschränkt sich die Aehnlichkeit. Es treten sofort große Verschiedenheiten ans Licht. Die evangelischen Vereine verwerfen nicht mit den Darbisten principiell das kirchliche Amt und jede kirchliche Organisation. Freilich tritt ihnen aus den apostolischen Schriften die Idee des allgemeinen Priesterthums so mächtig entgegen, daß sie ein hierarchisches Amt nicht zulassen. Aber ein Amt im vollen Sinne geht dennoch aus der Gemeinde hervor. In dem Turiner Glaubensbekenntniß heißt es: „Neben dem allen Gläubigen gemeinschaftlichen Priesteramte erkennt die Kirche ein besonderes Amt an, das von Gott selbst in seiner Kirche eingesetzt ist zur Zurichtung der Heiligen, zur Erbauung des Leibes Christi, welches Amt sich der Kirche kundgiebt durch die Gaben, welche Gott denen verleiht, die er erwählt." Mazzarella hat bei der Alliance-Versammlung in Genf ausgeführt: „Wir glauben: es giebt ein Kirchenamt, von Gott eingesetzt und aufgerichtet, das sich in der Kirche erweist durch Gaben, welche von den Brüdern anerkannt werden. Wir glauben nicht an ein vorübergehendes, sondern an ein fortdauerndes Kirchenamt: es dauert nicht nur während der Zeit der Versammlung der Gläubigen, d. h. während der Zeit des Gottesdienstes, sondern es ist eine Gabe und ein Amt, welches dem Diener gegeben ist und bei ihm bleibt. Wir sehen die Kirchendiener an als Diener Christi." Ein stetiges Amt also soll sein und ich meine, es kann unter den gegenwärtigen Verhältnissen sich kaum in einer anderen, als der angegebenen Weise herausbilden. In ausgebildeten evangelischen Kirchen kommt den Gemeinden ein Amtsträger entgegen von außen: aber hier muß die einzelne Gemeinde ihn in sich selbst suchen. Das Lesen der heiligen Schrift oder die Predigt eines vorüberziehenden Evangelisten hat vielleicht zehn, zwanzig Brüder angeregt, sich regelmäßig um das Wort Gottes zu versammeln oder eine Familiengemeinde findet Zuwachs in einigen anderen Seelen, welche nach gemeinsamer Erbauung verlangen. Sie fühlen, daß eine bestimmte Ordnung und Leitung ihrem Kreise Noth thut, um so mehr, je größer er wird und prüfen daher die Gaben, die unter ihnen hervortreten, um einen Leiter zu finden. Wonach sie vor Allem fragen, wird ein Visitationsbericht Guicciardini's, den ich unten mittheilen werde, ausführlich sagen. Es ist nicht theologische Bildung und Gelehrsamkeit; eine Lehrhaftigkeit, die auf Wärme des Glaubens und Vertrautheit mit der heiligen Schrift beruht, wird als die erste Bedingung des Hirtenamtes angesehen. Man mag es beklagen, daß theologische Bildung hier nicht als Amtserforderniß gilt, aber man wird sich sagen müssen, daß bei solcher Forderung für jetzt an wenigen Orten Italiens ein Amt zu Stande kommen würde. Wo sollen die Theologen herkommen? Muß es uns nicht genügen, wenn die Hirten, was ihnen an theologischer Bildung abgeht, immer mehr zu ersetzen suchen durch fleißiges Studium? — Sind in einem Manne die göttlichen Gaben, welche zum Amte tüchtig machen, von den Brüdern erkannt, so wird sein besonderer Beruf anerkannt und er wird zu ihrem geistlichen Führer erwählt. Ein hierarchischer Unterschied wird freilich nicht gemacht, aber eine evangelische Unterordnung und Ueberordnung ist da. Sie schließt nicht aus, daß auch andere Brüder als der erwählte Leiter zur Erbauung der Gemeinde reden dürfen[1]). Es

---

[1]) Noch jeder, der von dem Gottesdienst italienischer Gemeinden berichtet hat, ist dadurch erfreut worden, daß neben dem eigentlichen Evangelisten auch Andere sich gedrungen fühlten, zu reden. Warum sollte es auch einer evangelischen Gemeinde so übel anstehen, wenn sie trotz des Mangels an den besonderen Charismen der apostolischen Zeit, aber auch ohne in eine gesetzliche oder phantastische Nachahmung ihrer Kundgebungen zu verfallen, etwas hervorbringt, was an das 14. Capitel des ersten Corintherbriefes erinnert. „Wenn ihr zusammen kommt, so hat ein Jeglicher Psalmen, er hat eine Lehre, er hat Zungen, er hat Offenbarung, er hat Auslegung. Laßt es Alles geschehen zur

fehlt aber auch nicht an Disciplin in der Gemeinde zur Abwehr jeglicher Unordnung. So bildet sich die einzelne Gemeinde und ihr Amt aus in einer Weise, die man nicht darbistisch nennen kann, die in den ersten apostolischen Gemeinden viel Anhalt hat. Freilich kommt es auch in den darbistischen Versammlungen zu ähnlichen Formen. Die besonderen Gaben finden auch da Anerkennung und ein Vorsitz kommt zu Stande. Es zeigt sich, daß ohne irgend eine äußere Ordnung eine Gemeinschaft nicht be-

---

Besserung" heißt es da. Warum sollte nicht auch heute eine Mehrzahl von Zeugen und unbeamteten Zeugen in der Gemeinde reden dürfen, wenn es nur nach den Grundsätzen der Ordnung geschieht, die dasselbe Capitel aufstellt. Wo die erste Liebe und frische Erfahrung Viele zum öffentlichen Zeugen und Beten treibt, sollte man da lieber das Wort ausschließlich dem Leiter verstatten? Es ist etwas Anderes, solche Freiheit an die Stelle einer gewohnten Sitte setzen zu wollen, als sie da zu billigen, wo sie sich in natürlicher Weise gegeben hat und dem nationalen Charakter so sehr entspricht. Aber auch bei uns ließe sich eine größere Activität der Laien innerhalb geordneter Schranken wohl gestatten. Prot. Monatsblätter 1855. Nov. S. 312 wird aus der Turiner Kirche erzählt: „Als de Sanctis die Anwesenden aufforderte, wenn sie Dunkelheiten und Schwierigkeiten gefunden hätten, so möchten sie dieselben vorbringen, er wolle sie nach besten Kräften erklären, oder auch ihre Bemerkungen, die sie beim Lesen für sich gemacht hätten, auszusprechen, so traten nach und nach wohl zehn aus dem Volke auf, zogen aus dem Gelesenen Nutzanwendungen für sich, ihre besondere Lage, ihre Gemeinde, ihre Pflichten und drückten sich so gut aus, zeigten eine solche Bibelkunde, daß Einsender erstaunte." Aehnliches kommt jetzt häufig in den italienischen Gemeinden vor. — Für einen sehr guten Fortschritt würde ich es halten, wenn diese freiere Art gemeinsamer Erbauung in dem Hauptgottesdienst nicht stattfände, wohl aber in Abend- und Wochen-Gottesdiensten. Entbehrlich ist sie für die Convertiten-Gemeinden kaum, schon deshalb nicht, weil die Kirche für sie zugleich die Schule vertreten muß. In Florenz verbindet ein italienischer Evangelist mit der Bibelerklärung Lese-Uebungen; seine Zuhörer sollen erst den zu erklärenden Bibelabschnitt lesen lernen und sich recht einprägen. Anderswo zeigt sich wenigstens eine katechetische Art der Lehre erforderlich. Kurz: es läßt sich leicht verstehen, daß der kirchliche Unterricht in einer Convertiten-Gemeinde seine besondere Gestalt haben muß, daß die Freiheit zu fragen und zu reden und das mehrstimmige Zeugniß dort in besonderer Weise zur Geltung kommen darf. Wir gönnen den italienischen Gemeinden ihre Art gemeinsamer Erbauung, in der sich so viel Glaubensleben kund thut, so lange Leitung und Ordnung da ist.

stehen kann, aber die Theorie hält die unmittelbare Leitung des heiligen Geistes aufrecht und läßt es zu einer Wahl der Begabten und zu einer festen Ordnung nicht kommen. Man kann in Italien Gemeinden finden, die sich noch nicht geordnet haben, aber ihr Ziel ist, wenigstens wenn sie in demselben Sinne stehen, wie die einflußreichen Leiter der evangelischen Bewegung, eine klare, feste Ordnung. Haben sie noch keinen Leiter gewählt, so sind sie noch in einem provisorischen Nothzustande, der allerdings leicht eintreten kann, wo Partei gegen Partei steht. Es ist aber ganz falsch, wenn man sich die evangelischen Vereine Italiens im Allgemeinen als ungeordnete, anarchische Versammlungen denkt. Ein frisches Leben ist darin, aber nicht die Willkür herrscht.

Nun aber: die Einzelgemeinden, haben sie einen Trieb in sich, anderen die Hand zu reichen und Glieder eines gemeinsamen Leibes zu werden oder beharren sie grundsätzlich in independentistischer Vereinzelung? Bis jetzt sind die einzelnen Kreise noch zu sehr mit sich beschäftigt, mit ihrer eigenen Ordnung, um schon auf einen weiteren Verband hinzuarbeiten. Aber eine grundsätzliche Abneigung gegen eine Vereinigung der einzelnen Gemeinden scheint mir nicht vorhanden zu sein, so wenig auch bis jetzt Bedürfniß der Gemeinschaft und Verlangen darnach hervortritt. Auch in apostolischer Zeit finden wir zunächst die einzelnen Gemeinden nicht zu einem geordneten Organismus verbunden. Es ist ganz gut, wenn ein solcher nicht vorschnell gemacht wird, sondern sich allmählich herausbildet. Daß es aber nicht ganz an einer einheitlichen Leitung und an einer Gemeinschaft der einzelnen Vereine fehlt, geht doch daraus hervor, daß Guicciardini einen Bericht über eine Visitationsreise giebt, die ihn fast zu allen geführt hat.

Das kirchliche Amt und jede kirchliche Organisation treten den italienischen Brüdern in den Hintergrund gegen das allgemeine Priesterthum und den unsichtbaren Leib Christi. Das ist kein Schade, wenn nicht Feindschaft oder Gleichgültigkeit gegen sichtbare Gliederung und Verfassung für die Dauer Boden gewinnt. Um den gegenwärtigen Stand der evangelischen Vereine richtig zu verstehen und zu würdigen, muß man aber besonders ihr Herkommen aus einem sehr verknöcherten Katholicismus im Auge behalten. Man muß schon ein falsches Freiheitsgelüst, eine falsche Feindschaft gegen alle Auctorität, gegen alle Ueber- und Unterordnung milder beurtheilen, wenn man bedenkt, wie der Katholicismus die Italiener eingeschnürt hat. Doch sind die Spuren solcher Verirrung selten, während man ein Mißtrauen gegen äußere Organisationen und Formen häufiger findet. Wer sollte sich darüber wundern, der das Formenwesen und Formelwesen der italienischen Gesetzeskirche, ihre hierarchische Verfassung und ihren Klerus vor Augen hat! Es ist natürlich, daß die evangelischen Italiener leicht einen papistischen Sauerteig fürchten, auch wo evangelische Formen und Ordnungen ihnen entgegentreten. Es war ein großer Irrthum, wenn ein kürzlich verstorbener ehrwürdiger Gönner der Waldenser die anglikanische Kirchenverfassung für eine den italienischen Bedürfnissen ganz besonders angemessene hielt.

Die evangelische Bewegung des 16. Jahrhunderts möge hier noch einmal in ihrer Verschiedenheit von der gegenwärtigen zur Sprache kommen. Heutzutage brechen die evangelischen Italiener völlig mit der römischen Kirche und dulden von ihren Sitten und Gebräuchen und Ordnungen so gut wie nichts in ihrer Mitte. Damals standen sie zu ihrer Kirche ganz anders. Sie gingen aus auf eine Erneuerung des Glaubens und der Lehre auf dem Grunde der heiligen Schrift. Sie zogen einen Edelstein aus der Verborgenheit hervor, die Lehre von der Rechtfertigung durch den Glauben und „wie eine litterarische Meinung oder Tendenz breitete sich diese Ueberzeugung über einen großen Theil von Italien aus"[1]). Aus litterarischen Vereinigungen, aus dem Kreise geistreicher, hochgestellter, gebildeter Männer, die sich von der bis an den päpstlichen Hof herrschenden Mode, die Lehre des Christenthums vornehm zu läugnen, losgemacht hatten, ging die evangelische Wahrheit aus in die mittleren Stände und ge-

---

[1]) Ranke „Die röm. Päpste" I. 139.

wann viele Freunde. Aber gegen Papstthum und Priesterthum kämpfte man zunächst nicht, man blieb den katholischen Gebräuchen und Ordnungen so treu wie möglich; Mönche, die sich der Bewegung anschlossen, blieben in ihren Klöstern; Verehrung gegen den Papst und Abneigung gegen ein Verlassen der römischen Kirche spricht sich vielfach in den Männern aus, die mit großem Eifer die evangelische Lehre verkünden, Cardinäle gehen aus ihrer Mitte hervor. Freilich dauert nicht bei Allen die Treue gegen die päpstliche Hierarchie aus und es vergrößert sich der Kreis derer, die sich von Rom völlig lossagen, während der kurzen Zeit, die dieser Bewegung gegönnt war. Aber ist es nicht heute ganz anders? Man sucht vergebens nach einer ansehnlichen Partei, die von evangelischen Grundgedanken ausgehend eine Reformation der katholischen Kirche und eine Reinigung ihrer Ordnungen anstrebte. Viele fühlen sich gestört durch die Vermischung des Geistlichen und Weltlichen, welche im Papstthum und Priesterthum hervortritt; es ist kein evangelisches, sondern ein politisches Interesse, welches sie zu Gegnern des Bestehenden macht. Andere erkennen hier und da in den geistlichen Ordnungen Uebelstände und wünschen diese oder jene Reform; aber auch bei ihnen fehlt alle evangelische Tendenz. Die, welche ihr Herz ernstlich evangelischer Wahrheit geöffnet haben, verzichten in der Regel von vornherein auf die Möglichkeit einer radicalen Reformation ihrer Kirche und lassen sie fahren, werden ihr abtrünnig. Daß sie sich in ihren neuen evangelischen Vereinigungen von den gewohnten Ordnungen so entschieden losmachen, daß sie, anstatt so viel als möglich von dem Alten zu bewahren, einen Neubau von Grund aus beginnen wollen und einen Widerwillen haben gegen Alles, was die verhaßten Dinge auch nur im Keime wieder mit sich zu bringen droht — dieser Mangel alles conservativen Interesses ist ein charakteristisches Merkmal der gegenwärtigen Bewegung. Man darf nicht etwa sagen, daß, während im 16. Jahrhundert evangelische Lehre in italienische Kreise drang, ohne sogleich ihr Licht strafend auf die verderbte Kirchen-Verfassung scheinen zu lassen, heute ein Ekel an alten Formen und Ordnungen sich zeige, ohne rechten Grund zu haben in evangelischem Glauben. Aber das ist wohl richtig, daß diesmal die evangelische Bewegung ihren Ausgangspunkt vornehmlich in der Feindschaft gegen das Unwesen der Hierarchie genommen hat, während sie damals zunächst aus einem theoretischen Interesse hervorging. Heute hat sie ihren Ursprung und ihre Unterstützung nicht wie damals in litterarischen Réunionen gefunden, nicht unter den Vornehmen und Gebildeten, sondern vorzugsweise unter den Armen und Einfältigen. Beide Male ist es das Herz und Gewissen gewesen, welches sich in dem Alten unbefriedigt fühlte; aber das eine Mal war es mehr die unevangelische Lehre, das andere Mal mehr die unevangelische Ordnung der Kirche, durch welche die Herzen getrieben wurden, etwas Neues zu suchen. Jedenfalls ist man damals nicht bei einer Arbeit des Verstandes und heute nicht bei einer Abneigung gegen äußerlichen Mißbrauch stehen geblieben. Je weniger Aussicht auf eine Reformation der katholischen Kirche an Haupt und Gliedern sich bieten wird, desto mehr wird die gegenwärtige evangelische Bewegung die besten Elemente der italienischen Kirche zu völliger Aussonderung treiben. Ich bin fern davon zu läugnen, daß manche fromme Italiener auf eine Wiedergeburt ihrer Kirche hoffen und ihr trotz einer evangelischen Erkenntniß ihres Verderbens nicht untreu werden wollen. Aber es sieht nicht darnach aus, als ob neben der von Passaglia geleiteten und neben der evangelischen Bewegung noch eine dritte Kraft gewinnen könnte, die eine radicale Reformation innerhalb der katholischen Kirche anstrebte[1]).

Wenn man bedenkt, daß den Italienern ein Uebermaß von Formen und Amtswesen zum Gräuel geworden ist, muß man es begründet finden, daß ihnen nun ein möglichst kleines Maß davon geboten wird. Die Leiter der Bewegung müssen auf

---

[1]) Ein italienischer Schriftsteller hat einen Priester, der diese Richtung verfolgt, trefflich geschildert und seine Selbstbiographie mitgetheilt. Obwohl diese Erscheinung eine erdichtete zu sein scheint und obwohl das Buch, in welchem sie mir entgegen getreten ist, schon den fünfziger Jahren angehört, wird man doch gern die im Anhange dieser Schrift gegebene Uebersetzung jener Schilderung lesen.

die Vorurtheile und Befürchtungen der aus dem Katholicismus herkommenden Brüder Rücksicht nehmen; sie müssen, um Etliche zu gewinnen, Allen Alles werden und langsam sein im Aufrichten definitiver Ordnung und Verfassung. Wenn das Drängen auf Gestaltung und Verfassung der Gemeinden ein Hinderniß für die Predigt von Christo ist, sollte man dann nicht zur Zeit davon absehen und hinter die Erbauung des Einzelnen die Erbauung der Gemeinde zurückstellen dürfen? Wenn z. B. selbst das Gebet des Herrn in dem Gottesdienst der evangelischen Vereine keine Stelle findet, so muß man sich den Mechanismus des katholischen Cultus und des katholischen Betens recht vorstellen, um dies zu verstehen. Man hat Furcht vor einem evangelischen Rosenkranzbeten und verbannt daher alles Formular. In dieser wie in anderen Beziehungen wird es anders werden, wenn die Gemeinden erst eine Zeit lang bestanden haben. Immer mehr werden sich dann gute Formen und stetige Formen herausbilden. Noch ein Umstand hilft dazu, es zu verstehen, daß manche evangelische Italiener zu wenig Verlangen nach äußeren Ordnungen haben. In Zeiten der Verfolgung war z. B. in Florenz das Verzichten auf äußere Gestaltung und äußere Formen eine Sache der Noth. Es gab eine verborgene Gemeinde, die äußerlich in keiner Weise hervortreten durfte und es ist leicht erklärlich, daß Manche in einen solchen Nothzustand sich zu sehr eingewöhnt haben. Am 3. Mai 1851 schrieb Guicciardini, im Begriff, seine Heimath zu verlassen und nach England zu gehen, an die zurückbleibenden evangelischen Brüder, um sie in ihrem Glauben zu stärken. (Vgl. Witte, S. 51.) Er ermahnt zum Gebet und zum Brodbrechen hin und her in den Häusern, wozu jeder Christ als ein Hoherpriester das Recht habe und sagt dann: „Es sind dazu weder besondere Zurüstungen, noch besondere Formen, noch besondere Personen erforderlich. Und es ist gut, daß man dies wisse in schwierigen und Verfolgungszeiten, wie die gegenwärtigen sind, in welchen die wahre Kirche keine äußere Gestaltung haben darf."

Ich habe versucht, die evangelischen Vereine in das rechte Licht zu stellen und ungerechtfertigte oder vorschnelle Vorwürfe von ihnen abzuwehren, die hauptsächlich darin ihren Grund haben, daß man die Lage der Verhältnisse nicht bedenkt. Doch erkenne ich sehr wohl die Gefahren, welche dieser Richtung drohen. Ich läugne nicht, daß auch andere gefährliche Tendenzen zugleich mit denen, welche ich gerechtfertigt habe, sich geltend machen. Man wird sich nicht verhehlen können, daß selbst die bedeutenderen Männer dieser Richtung noch Schwankungen ausgesetzt sind und noch nicht mit voller Sicherheit auf dem schmalen Wege gehen, welcher zwischen darbistischer Unordnung und hierarchischer Ordnung hinläuft[1]). Ich sehe den gegenwärtigen Zustand der evan-

---

[1]) Ich habe leider keinen dieser Männer persönlich kennen gelernt und kann mich nur auf einige gedruckte und auf zuverlässig übermittelte mündliche Aeußerungen derselben berufen. Auf solchem Grunde habe ich eine Charakterisirung dieser Richtung versucht. Wenn dieser die Personen und ihre anderweitigen Aeußerungen nicht völlig entsprechen, so scheint es mir, da ich sie der Falschheit und Zweizüngigkeit nicht fähig halte, nothwendig anzunehmen, daß sie noch unbestimmt und schwankend sind in den Stücken, um die es sich hier handelt. In diesem Falle wäre hier den Lesern ihr besseres Selbst geschildert worden. Man mag meine Darstellung optimistisch nennen, aber man wird gefunden haben, daß sie nicht in der Luft schwebt, sondern sich auf authentische Aeußerungen stützt. Es wäre mir erwünscht, wenn sie Andere zu weiterer Aufklärung der Sache veranlaßte. Für jetzt theile ich einige Worte Disselhoff's mit, der diesen Männern näher getreten ist und daher als besserer Gewährsmann gelten könnte. Er hat mehr Verirrung in ihren Anschauungen gefunden als ich, wenn er auch ihren Darbismus mit großer Milde beurtheilt; aber er bietet nicht genug Material, um eine Prüfung seines Urtheils zu ermöglichen. Disselhoff (vergl. seine 5 Briefe über die evangelischen Gemeinden in Ober- und Central-Italien. Neue Evang. Kirchenzeitung 1860, Nr. 45. 46. 47. 49. 50.) sagt: „Daß auch de Sanctis den unter den eigentlichen evangelischen Italienern herrschenden barbistischen Grundsätzen keineswegs fern ist, wenngleich dieselben bei ihm, als einem wissenschaftlich gebildeten Theologen, in milderer Form auftreten, darf nicht auffallen. Wie er ein besonderes Amt in der Gemeinde verwirft, so auch eine organisch gegliederte Verbindung der einzelnen Gemeinden zu einem Ganzen. Daß er hiernach nach manchen Stellen seiner Schriften die eines geistlichen Hirtenamtes grundsätzlich entbehrenden evangelisch-italienischen Gemeinden als die dem Evangelium treuesten betrachtet, daß er dagegen alle anderen Zweige des Protestantismus von sectirerischem Einfluß nicht ganz frei hält, folgt aus den bezeichneten Prämissen von selbst." — „Während in der Lehre von Christo, vom Menschen,

gelischen Vereine als ein Uebergangsstadium an, das auf eine
gesunde Fortentwickelung hoffen läßt, aber noch nicht dafür garan=
tirt, daß nicht die Principien, die an sich keinen Vorwurf ver=
dienen, in einem falschen Geiste ausgebeutet werden. Ich glaube
nicht, daß es zu einem verderblichen Individualismus und Spiri=
tualismus kommen wird; ich hoffe, daß das Princip der Bibli=
cität, welches freilich bei der Freiheit der Auslegung leicht zu
Zersplitterung führen kann, in Einigkeit des Geistes und in evan=

vom Heilswege Mazzarella und mit ihm alle italienischen Evangelisten und
italienisch=evangelischen Gemeinschaften den Boden des gemeinsam Evangeli=
schen nicht verlassen, sind sie dagegen in der Lehre von der Gemeinde und dem
Amte darbistisch, obwohl sie selbst einfache Anhänger des Evangeliums und
Gegner des Darbismus sein wollen. — Von dem Professor Giulio Nazari in
Vicenza brieflich aufgefordert, gab Mazzarella ihm brieflich eine Art Glaubens=
bekenntniß. — Wer die hier vorgetragenen Anschauungen über Kirche und Amt,
welche fast alle italienisch=evangelischen Gemeinden theilen, näher in's Auge
faßt, wird finden, daß man nicht in falschen Freiheitsgelüsten das evangelische
Amt verwirft, sondern daß man, wenngleich in einer falschen Auslegung des
göttlichen Wortes befangen, doch mit Ernst begehrt, das Evangelium zur Richt=
schnur auch der Verfassung zu nehmen." — „Magrini sagte mir: er kenne
seine Italiener; de Sanctis habe in Turin früher eine große Zuhörerschaft
gehabt, als er aber von amtlicher Organisation gesprochen, habe sie den alten
papistischen Sauerteig gefürchtet. Das habe de Sanctis anders gestimmt. Es
sei jetzt Zeit, die Italiener zu evangelisiren. Das sei ihre Arbeit und Aufgabe.
Sie wollten die Gnade in Christo verkündigen; Christus und der Geist werde
weiter walten." — Mit dem Urtheil Witte's stimmt das meinige näher
überein. Er sagt zwar (S. 102): „Eine (gleiche) Modification ist von der
Zukunft zu erwarten für die Bestimmungen über das Kirchenamt." Aber er
stimmt doch nicht entschieden in die Anklage auf Darbismus ein, wenn er auch
mit Recht eine Gefahr in dem gegenwärtigen Zustand mancher Gemeinden sieht.
Er sagt: „Die bedeutendsten Leiter der Kirche haben es dem Verfasser selbst er=
klärt, daß der gegenwärtig in vielen Orten bestehende Zustand nur ein Pro=
visorium sei, das nothwendig von der Lage der Dinge gefordert werde. Jede
Gemeinschaft muß ihre Kräfte erst prüfen, ehe sie sich ihre Leiter und Häupter
setzt. Die Apostel selbst bildeten auf ihren Missionsreisen zunächst nur Ge=
meinden von Gläubigen durch das Wort der Predigt und setzten denselben Be=
amte erst dann, nachdem sich die Charismata eines jeden in einer Zeit der
Prüfung offenbart und bewährt hatten. So Paulus und Barnabas (Ap.=
Gesch. 14), so Titus auf des Paulus Geheiß (Tit. 1, 5; vergl. 1 Timoth. 3, 10
und 5, 22). So geschieht es jetzt in Italien."

gelischem Sinne hoch gehalten werden wird und daß sich schnell eine neue evangelische Tradition bildet; ich hoffe, daß die Vereine immer mehr Gemeinden werden, wo sie es noch nicht sind, und daß die Organisation der Gemeinden fortschreitet, ohne doch ihrem frischen, regen Leben Abbruch zu thun. Ein Zeichen, daß man weiter strebt, ist die Errichtung einer theologischen Lehranstalt unter de Sanctis zu Genua, in welcher u. A. zwei neapolitanische Priester ihre Studien treiben, die hoffentlich ihrem Vaterlande gute Dienste am Wort leisten werden. Was mir aber vor Allem Muth macht für die Zukunft der evangelischen Vereine, das ist die evangelische Gesinnung und Erkenntniß der leitenden Männer, besonders eines Mazzarella, von dessen Einfluß ich viel hoffe. Es steht mir fest, daß sie mit allem Ernst an der Aufrichtung des Reiches Gottes in Italien arbeiten, daß es ihnen um das Heil der Seelen zu thun ist, um ein Wecken und Befriedigen der Gewissen.

Wenn man den gegenwärtigen Stand der evangelischen Sache in Italien vergleicht mit Reflexionen früherer Jahre, die ihrer Zukunft galten, so wird man recht lebhaft daran erinnert, daß es schwer ist, den Gang der Geschichte im Voraus zu beschreiben. Besonders ist es ein Widerspruch zwischen Erwartung und Thatsache, der noch besondere Besprechung verdient. In dem „sinnlich künstlerischen" Volke, in dem Volke der Phantasie, in dem Lande, das durch die Schönheit seiner Farben und Formen Sinne und Einbildungskraft so sehr herausfordert, von der Geistigkeit des Denkens und Lebens so sehr abruft, finden wir nun evangelische Gemeinden, deren Gottesdienst reich ist an Aeußerungen des tiefsten Seelenlebens im Worte, aber im höchsten Grade arm an äußeren Formen, an Schmuck und Prunk, an sinnlicher Darstellung. Um den Contrast zu schärfen, will ich einige Worte eines Italieners anführen, die im Großen und Ganzen wahr sind und wie alle richtigen Schilderungen des italienischen Volks das Auffallende dieser Thatsache herausstellen. In der Turiner Zeitung „Unione" von 1854 (vgl. Prot. Monatsbl. 1860 Sept., S. 190) heißt es: „Seit einigen Jahren haben die Engländer ihre propagandistische Aufmerksamkeit auf Italien gelenkt und da ihre Bibeln, vielleicht auch der Neuheit wegen, große Verbreitung fanden, so waren die guten Missionäre des Landes Albion überzeugt, daß auch die Bekehrungen in derselben Fülle erfolgen müßten, und sie konnten es niemals fassen, daß man bei uns die Bibel liest wie einen Roman oder irgend ein anderes Buch, ohne daß in unsere versteinerten Herzen auch nur der kleinste Theil jener Salbung oder jener mystischen Extase eindringt, wovon sich die Protestanten so sehr enthusiasmirt fühlen. Der Protestantismus hat keine Aussichten in Italien. Religiöse Sentimentalität ist den Italienern unbekannt. Sie wollen eine Religion ohne Metaphysik, ohne Mysticismus, ohne privilegirte Hierarchie, aber glänzend in äußrem Pomp und verwachsen mit ihrer politischen Gesetzgebung und mit ihren Sitten." — „Der Katholicismus ist die Nationalreligion der Italiener; er ist mit unserer Litteratur, mit unserer Poesie, mit unseren Künsten, mit unserem Geschmacke verwachsen. Die Italiener wollen Pomp, Processionen, Gemälde, Statuen, Orgeln, Musik, Riten, Priester in theatralischen Gewändern, und der heitere Charakter der Nation würde sich dem kahlen Cultus der Protestanten und den melancholischen Eingebungen ihres Mysticismus schlecht fügen. Unter einem so heiteren Himmel und inmitten einer so lachenden Natur kann ein vom Nebel an- und eingehauchter Cultus keine Stelle finden." Ein kahlerer Cultus läßt sich nicht denken, als der der gegenwärtigen evangelischen Gemeinden Italiens. Hat nun der einsichtig urtheilende Autor der „Briefe aus den Waldenserthälern" (Prot. Monatsbl. 1861 Jan., S. 45 ff.) darin Recht, wenn er, nachdem er das Bedürfniß des Italieners nach einer „sinnlich sicheren Form" hervorgehoben, im Hinblick auf die evangelischen Vereine und ihre Sacramentsfeier sagt: „Die Antipathie gegen das gesammte römische Ceremoniell scheint mir noch in einem Grade zu überwiegen, der weder den allgemein menschlichen, noch den speciell nationalen Neigungen richtig entspricht; ein Rückschlag muß eintreten, wenn nicht schnell die rechte Mitte gefunden wird"? Ich glaube mit ihm, daß menschliche und italienische Bedürftigkeit mit der Zeit größeren Reichthum an darstellenden Formen fordern wird und daß bei einer gesunden Entwickelung späterhin diese Gemeinden eine ganz andere äußere Gestalt haben werden als jetzt. Aber so unnatürlich erscheint mir ihr gegenwärtiger Zustand nicht, daß ein gewaltsamer Rückschlag drohte. Der oben angeführte Brief erklärt ihn aus einem zu großen Uebergewicht der Antipathie gegen römisches Ceremoniell. Diese Betrachtung hat gewiß ihr volles Recht. Alle Form und Kunst, welche Italienern zuvor als Dienerin der Eitelkeit, des Aberglaubens, der Menschen-Verehrung und Götzen-Verehrung entgegengetreten ist, wird nun mißliebig und wird vergleichgültigt, obgleich nur ihr Mißbrauch dem evangelischen Glauben widerstreitet. Aber solches Verzichten muß noch von einer anderen Seite angesehen werden; es kommt darin nicht nur ein polemisches Interesse oder ein Ueberdruß zu Tage, der einen Rückschlag erwarten läßt, sondern zugleich eine Umwandlung der nationalen Neigung. Ich sehe darin vor Allem einen Beweis, daß die italienische Natur wirklich einer Vertiefung fähig ist, einen Beweis, daß die Macht des göttlichen Wortes das Ueberwuchern der Phantasie und das Haften an dem Sinnlichen überwinden und dem nur in Scheintod verfallenen tieferen Geistesleben wieder Freiheit und Kraft geben kann. Die „speciell nationale Neigung" hat in sich Krankhaftes und Gesundes. Ich freue mich vor Allem, daß die Geistigkeit italienischen Gottesdienstes von einem Sieg des Glaubens über ein krankhaftes Theil des Italieners Zeugniß ablegt. Das gesunde Theil der nationalen Neigung, wenn es auch jetzt unterdrückt ist, wird sich schon wieder Recht verschaffen. Auch einer der oben genannten Briefe hebt das Erfreuliche der berichteten Erscheinung hervor. „Ferner erinnert man — heißt es — daß der Italiener im Gottesdienste sinnlichen Prunk begehre. Für den Süden will ich es nicht bestreiten; für den Norden möchte ich es bezweifeln, sobald es als wichtiges Hinderniß gelten soll. Denn ich bin überzeugt — und schon zeugen mehrfache Beispiele davon —, daß der würdevolle Ernst und die ungeheuchelte, echte Andacht einen viel tieferen

Eindruck machen und eine viel nachhaltigere Wirkung auf das Beste im Menschen ausüben, als alle jene bunte Sinnlichkeit, mit der der römische Cult Auge und Ohr ködert." Auch den Süden möchte ich in dieser Beziehung nicht aufgeben. Das Verzichten auf sinnlichen Prunk des Gottesdienstes setzt eine Umwandlung des Italieners voraus und gewiß ist eine solche eher von dem nördlichen, als von dem südlichen zu erwarten. Aber wo im Süden das Evangelium Eingang findet und Kraft gewinnt, da wiederholt sich auch dieselbe Erscheinung. — Jedenfalls verdient es Interesse, daß bisher das Eigenthümliche italienischer Reformation in der Richtung sich am wenigsten gezeigt hat, in der man es am meisten hätte erwarten mögen. Von Einfluß ist für jetzt natürlich auch die an vielen Orten noch mehr den Familiencharakter tragende Gestalt der Gemeinden. Ich habe schon oben auf diese Eigenthümlichkeit hingewiesen; ich erinnere hier nur noch daran, wie großen Einfluß es auf den Cultus haben muß, wenn sich die Gemeinde nicht in einer Kirche oder Capelle versammeln kann, sondern in einem gemietheten Zimmer, einem kleinen Betsaal zusammen kommt.

Nachdem ich die Richtung der evangelischen Vereine der Hauptsache nach gezeichnet habe, scheint es mir gut, mit einem aus diesem Kreise hervorgegangenen Actenstück abzuschließen, welches als ein unmittelbares Zeugniß die dort herrschende Gesinnung und Anschauung den Lesern vielleicht noch näher bringen wird als die kritischen Betrachtungen, in welche sie mir gefolgt sind. Das Gemüth der evangelischen Vereine — wenn ich so sagen darf — ist vielleicht in meiner Darstellung zu sehr hinter ihrem Verstand zurückgetreten. Wollte ich nun das Versäumte völlig nachholen und recht tief in das mit Christo in Gott verborgene Leben jener Gemeinden blicken lassen, welches zum Herzen spricht und die Kritik ausruhen läßt, so würde ich freilich nicht bei dem folgenden Zeugnisse stehen bleiben. Es ist die Einleitung eines Berichts des Grafen Guicciardini über seine vorjährige Visitationsreise; ein derartiges Schriftstück wird seiner Natur nach solchem Zwecke nicht völlig dienen können. Doch wird es in seiner Weise von der Wärme und Innigkeit des Glaubens zeugen, welcher in den evangelischen Vereinen heimisch ist. Es ist aber besonders deshalb ausgewählt, weil es die einzelnen Fragen, welche besprochen worden sind, noch einmal zusammenfassend beleuchtet. Obwohl Guicciardini nicht die officielle Stellung eines Superintendenten hat, so ist doch sein Einfluß groß, auch deshalb, weil die Beiträge der Engländer für diesen Zweig der Evangelisation zum großen Theil durch seine Hand gehen.

„Liebe Brüder in dem Herrn!" — hebt er an — „Wir danken dem Vater unseres Herrn Jesu Christi, der in diesen letzten Tagen seiner langmüthigen Geduld uns berufen hat, ein neues Zeugniß für das Werk seiner Gnade, das in den Herzen vieler Italiener geschieht, abzulegen. Gewiß ist er es allein, der da wirket und die Herzen bereitet, das Wort des Lebens zu empfangen, durch seinen heiligen Geist. Und er ist es, der sich ein bescheidenes Werkzeug geschaffen hat an italienischen Brüdern (die mit geistlichen Gaben beschenkt und in dem Worte unterrichtet sind im Schooße der Kirche und in der Stille ihrer Häuser) und der sie jetzt aussendet, von seiner Liebe zu ihren Landsleuten zu reden, die noch wandeln in Finsterniß des Todes. Es ist der Herr der Ernte, welcher Arbeiter in seine Ernte gesandt hat — Arbeiter, die nicht von Menschen geschaffen oder von Menschen ausgesandt sind, sondern von seinem Geiste getrieben werden, das herrliche Wort von Gottes Gnade zu predigen. Das wunderbare Werk der Bekehrung und der Vorbereitung zum Dienst am Wort hat eine Stelle im Schooße der Gemeinschaft der Kinder Gottes, welche sich vereinigen in seinem heiligen Namen. Da hat der Herr selbst den Vorsitz, da theilt er Gaben aus, leitet die Kinder Gottes an, in Jesu Fußstapfen zu wandeln und ladet sie ein, armen Sündern Zeugniß zu geben und zu sprechen von der Gnade Gottes.

„Es verdient hervorgehoben zu werden, daß Gott bestimmen wollte, daß die Predigt seines Wortes in Italien durch Italiener geschehen sollte, welche bekehrt und vorbereitet wären in der Gemeinschaft seiner Heiligen für den Dienst am Wort und es ist überraschend, zu sehen, daß die, welche er erwählt hat, meist aus den Männern der geringeren Klassen der Gesellschaft genommen sind. Es ist auf jeden Fall derselbe Jesus, welcher seine Apostel aus den Fischern und Zöllnern gewählt hat (und also die beschämt hat, welche meinten, daß allein schulmäßige Gelehrsamkeit die Leute tüchtig machen könne, Lehrer zu werden), der nun mit den Gaben seines Geistes ausrüstet und zu dem Dienst am Wort in Italien ruft Maurer, Bäcker, Maccaroni-Bereiter, Schuhmacher, Goldschmiede und Barbiere. Diese Leute mit einigen wenigen, die aus höheren Klassen genommen sind, sind die Diener am Wort in der italienischen Kirche; auch beeinträchtigt die Niedrigkeit ihres socialen Standes nicht ihren Dienst. Im Gegentheil, da diese Männer selbst sichtbare Beweise der göttlichen Gnade sind, so finden sie Liebe bei ihren Brüdern und werden mit Aufmerksamkeit und Ehrfurcht aufgenommen. Begabt vom Herrn mit Weisheit und Glauben, haben sie gelernt in dessen Schule, der nicht trügen kann, und sind gehörig unterrichtet, Gottes Wort auszutheilen; und so sind in Italien sowohl die, welche unterrichten, als die, welche unterrichtet werden, überzeugt, daß Gottes Diener nicht aus den Schulen der Theologie hervorgesucht werden müssen, sondern aus der Gemeinde derer, welche zu den Füßen Jesu sitzend gefunden werden. In dieser Hinsicht folgen die Italiener nur dem Beispiel der ersten Kirche und der, von welcher geschrieben steht: „„sie setzte sich zu Jesu Füßen und hörte seiner Rede zu"" (Luc. 10, 39).

„Jedoch soll dies nicht so verstanden werden, als ob die Italiener etwas hätten gegen die, welche Bildung genossen haben. Im Gegentheil, sie nehmen freudig die Dienste derer an, die nicht nur „tüchtig sind, zu lehren," sondern den Vortheil einer guten Erziehung genossen haben; und sie sind so weit davon entfernt, das Lernen an sich zu verschreien, daß die, welche nicht unterrichtet sind, wenn sie von Gott zur Arbeit in der Kirche berufen werden, die Nothwendigkeit fühlen, sich auszubilden, damit sie desto geschickter würden auszudrücken, was sie zu sagen haben, sei es nun bei der Evangelisationsarbeit oder bei der Erbauung der

Gläubigen in der Erkenntniß des Herrn. Aber zu gleicher Zeit weigern sie sich, irgend ein System anzunehmen, welches Gelehrsamkeit als die einzig nothwendige Qualification zur Predigt der Wahrheit, welche in Christo ist, ansieht."

Nachdem G. dann erzählt hat, wie das Evangelium besonders bei den Armen Aufnahme findet, während die Weisen und Reichen dieser Welt nur aus Neugierde zuweilen zum Gottesdienst kommen, wie die Handwerker nach des Tages Arbeit sich mit dem Worte des Lebens erquicken lassen, fährt er fort:

„Sie forschen wie die Männer von Beröa „„täglich in der Schrift, ob sich's also hielte;"" jeder mit seiner Bibel in der Hand, lesen sie zusammen, werfen Fragen auf oder regen Erklärungen an über jeden Vers oder jedes Wort und in dieser Weise wachsen sie in der Erkenntniß und werden als Solche erfunden, die ihren Verkehr nach dem Worte ordnen; und ohne die Hülfe irgend eines Katechismus oder einer anderen Formel, sind sie bereit zur „„Verantwortung Jedermann, der Grund fordert der Hoffnung, die in ihnen ist.""

„Wegen mangelnder Vertrautheit mit diesem Bedürfniß der italienischen Convertiten haben Geistliche protestantischer Kirchen weder Erfolg gehabt, noch sind ihre Dienste recht annehmbar gewesen in diesem Lande. Sie haben zu Zeiten eine vorübergehende Erregung bewirken können, so daß von ihnen in öffentlichen Blättern die Rede gewesen ist; aber nach und nach nehmen ihre Versammlungen ab und ihre Dienste finden nur bei wenigen Italienern Aufmerksamkeit. Die, welche durch Neugier angezogen worden sind, kehren bald zur Welt zurück, während die, welche in der Gnade und Erkenntniß des Herrn zu wachsen verlangen, ermüdet werden durch die immer wiederkehrenden Aufforderungen zur Buße oder durch die unfruchtbare und leicht gehandhabte Topik der Streittheologie. Auf der anderen Seite werden die Convertiten durch das eingehende und geordnete Studium der heiligen Schrift in der Weise, wie ich es beschrieben habe, im Glauben gestärkt und ihre Gemüther werden erleuchtet durch Bekanntschaft mit der Wahrheit selbst.

„Aber diese italienischen Brüder lieben die Christen, welche den verschiedenen protestantischen Gemeinschaften angehören, und hegen für sie Gefühle der Dankbarkeit für ihre Gebete zu Gott, die sie für Italien thun, für Besorgung von Bibelexemplaren zu einem niedrigen Preis und für die sehr wirksame Unterstützung armer italienischer Brüder, die am Worte arbeiten, welche durch ihre Hülfe in den Stand gesetzt worden sind, sich gänzlich dem Dienst am Wort zu widmen, ohne genöthigt zu sein, mit ihren Händen für ihren und ihrer Familien Unterhalt zu arbeiten. Aber es giebt andere Protestanten, welche die Italiener als Versuchungen ihres Glaubens, ihrer Geduld und ihrer Liebe ansehen, weil sie sie allezeit angreifen in Bezug auf Fragen des Amtes und Kirchenregiments. Wir sprechen von diesen Fragen als unnützen, nicht weil sie nicht von Werth wären in der wahren Ordnung der christlichen Kirche, sondern einfach weil die italienische Kirche nichts Besseres thut, als das Wort Gottes bestimmt; und es fehlt so viel daran, daß sie in einem Zustande der Anarchie wäre, wie jene Protestanten behaupten, daß sie vielmehr schriftmäßige Ordnung und strikte Disciplin unter ihren Gliedern hält. Ueberdies erfreut sie sich eines Ueberflusses an Dienern (ministers); denn anstatt nur eine Person zu haben, um die verschiedenen Pflichten des Lehrers, Hirten, Evangelisten, Aeltesten und Diaconen zu erfüllen, besitzt die italienische Kirche besondere Leiter (leaders), Hirten und Evangelisten und es ist selten der Fall, daß irgend eine Versammlung nur einen Mann zum Versehen dieser verschiedenen Aemter hat. Ferner sind die Italiener ebenso eifersüchtig auf ihre Freiheit des Amtes nach dem Maße der Gaben Gottes, die in der Gemeinde sich gezeigt haben, als die Protestanten selbst auf die Form des Amtes sind, welche in ihrer Kirche herrscht."

Ich habe noch einige Worte über das Verhältniß der Waldenser und der italienischen Brüder hinzuzufügen. Ich kann die erfreuliche Thatsache constatiren, daß sich statt eines Gegeneinander oder eines kalten Nebeneinander immer mehr ein freundliches Miteinander Bahn bricht. Es kann kaum anders sein, als daß sich die beiden Parteien vielfach gegenseitig Aergerniß bereitet haben.

Sie sind sich oft auf demselben Boden begegnet und haben sich hier und da gegenseitig gestört. Ich will nicht untersuchen, auf welcher Seite mehr Schuld gelegen hat bei einzelnen Konflicten. Doch ich habe den Eindruck, daß jetzt die waldensische Kirche sich in sehr würdiger Weise der anderen Partei gegenüberstellt und daß gegenwärtig der Mangel an freundschaftlichen Beziehungen, wo er hervortritt, den evangelischen Vereinen zur Last fällt. So kommt es vor, daß die Missionare der letzteren, statt auf Erweckung der Gleichgültigen und Verirrten auszugehen, die an sich zu ziehen suchen, welche waldensischen Gottesdienst lieb gewonnen haben. Auch die Vergleichung zweier Stellen in dem Berichte Guicciardini's und dem Berichte der waldensischen Evangelisations=Commission spricht mir zu Gunsten der Waldenser. Guicciardini schreibt von einer bedauernswerthen Störung des Vereins zu Brescia durch die Waldenser. Ich weiß nicht, was dem zu Grunde liegt: aber ich glaube vermuthen zu dürfen, daß es nichts Anderes als ein ganz berechtigter Wetteifer der Waldenser in der Evangelisation zu Brescia ist. Wie ganz anders lautet es in dem waldensischen Bericht, wo von einem ähnlichen Verhältniß in Florenz die Rede ist. Dort, wo jetzt die evangelischen Vereine viel Boden gefunden haben, haben sich doch die Spuren früherer waldensischer Arbeit erhalten. „Wir haben also das Recht zu sagen" — heißt es im Bericht — „daß wir nicht Eindringlinge in das Feld eines Anderen sind. Da wir jedoch die löblichen Bestrebungen Anderer sehr wohl kennen, die aus dem römischen Katholicismus hervorgegangen sind, sowie die Bemühungen fremder Protestanten, welche sie bisher unterstützt haben und noch unterstützen, so erscheint es uns angemessen, dort nur in sehr bescheidener Weise aufzutreten." Mißklänge und Konflicte kommen noch vor: aber man sieht, wie versöhnlich die Waldenser gestimmt sind und auf der anderen Seite ist es Thatsache, daß im Allgemeinen bei der anderen Partei die Waldenser hoch geachtet sind, zumal bei denen, die wie Mazzarella in ihrer Mitte ihren Frieden gefunden haben. Bei der Alliance=Versammlung in Genf 1861 traten als Vertreter der beiden Parteien der waldensische Evan=

gelöst Meille und Mazzarella in brüderlicher Weise auf[1]). Mazzarella sagte unter Anderem: „Mein Wunsch ist (ich sage es vor Gott), daß die Waldenser fortfahren, das Wort zu verkündigen, daß sie Gedeihen haben in dem Werk, welches der Herr in ihre Hände gelegt hat, und daß sie eine Quelle wesentlichen und dauernden Segens für Italien werden." Meille führte unter den Zeichen, welche für die Evangelisation Italiens rechten Muth geben könnten, die wachsende Neigung der streitenden Parteien an, ihre alten Streitigkeiten zu vergessen und in ein friedliches Verhältniß zu treten, einander Gerechtigkeit und Liebe zu erweisen. Noch sei eine Vereinigung nicht möglich, die Wunden seien noch zu frisch, aber er freue sich auf eine Zeit, wo die einzige Spur vergangener Kämpfe nur eine wehmüthige Rückerinnerung sein werde und die Vertreter beider Parteien bei einer ähnlichen Versammlung als Repräsentanten des italienischen Zweiges der evangelischen Alliance erscheinen würden, als lebendige Beweise, daß aller Streit aufgehört. Es ist noch heute nicht so weit gekommen, aber das friedliche Verhältniß scheint sich immer mehr zu befestigen. Man erkennt mehr und mehr auf beiden Seiten, daß man auf demselben Grunde der Apostel und Propheten steht, da Jesus Christus der Eckstein ist, und nähert sich einander in Einigkeit des Geistes. Als ein Zeichen innigerer Gemeinschaft führe ich an, daß sich häufig Waldenser und italienische Brüder in Florenz zu Gebetsstunden vereinigt haben, in welchen der spanischen Märtyrer vor dem Herrn gedacht wurde. — Meiner Meinung nach ist unter der Voraussetzung, daß die innere Einigkeit immer mehr sich geltend macht, die Doppelheit der evangelischen Parteien und Richtungen eher ein Segen als ein Schade. Die beiden Richtungen können sich einander ergänzen und berichtigen. Die evangelischen Vereine haben den Vorzug, daß ihnen weniger Vorurtheile entgegenstehen und daß sie ganz und gar italienisch sind ohne allen Beigeschmack des Fremden; sie

---

[1]) Vergl. in dem gedruckten Bericht die Verhandlungen über „Italien und das Evangelium."

haben daher für jetzt einen ganz besonderen Beruf zu evangelisiren[1]). Die Waldenser haben den Vorzug einer alten geordneten Kirchengemeinschaft, einer reichen Erfahrung und Tradition und eines theologischen Lehrstandes. Die solide Unterlage ihrer Evangelisation sichert ihnen eine schöne Zukunft, obgleich gerade ihre

---

[1]) Die schon angeführte einsichtige Correspondenz aus Turin Protest. Monatsbl. 1855 Febr., S. 136 sucht den Grund der Trennung zwischen den Waldensern und den evangelischen Vereinen in drei Elementen: „der Nationalität, dem Verhältniß von Convertiten zu gebornen Protestanten und dem Verhältniß des rein aufgefaßten Evangeliums zu einem bestehenden Cultus." Meine Ausführungen haben das Erste und Dritte in Eins gefaßt, indem sie als das Princip der evangelischen Vereine das Verlangen nach einer selbstständigen italienischen Reformation auf Grund des göttlichen Wortes hinstellten. Ueber das Zweite hier noch einige Worte. Ich möchte nicht in der Weise des Correspondenten hervorheben, daß die Convertiten vor Allem das Bedürfniß haben, gegen Anfechtungen von Seiten ihrer ehemaligen Glaubensgenossen durch tiefes Eingehen in die Unterschiede der katholischen Lehre und der Schriftlehre geschützt zu werden. Er sagt: „Während diese (die Glieder der waldensischen Gemeinde) von Kindheit auf in den Grundsätzen der evangelischen Religion erzogen worden und vom Wesen des Katholicismus bloß eine mehr oberflächliche Kenntniß haben, und während sie in den Jahrhunderte langen Kämpfen um ihre freie Existenz als Kirche eher Muth und Trost bedurften in den Bedrängnissen von außen, als kritische Erklärung ihres Glaubens und Befestigung desselben in seinen einzelnen Lehren, so zeigen sich bei Convertiten ganz andere Bedürfnisse." Die Glieder der waldensischen Gemeinde sind so völlig umgeben von Katholicismus, daß auch sie immer das Bedürfniß haben, Anderen Rechenschaft zu geben von ihrem Glauben. Natürlich kann unter ihnen die Controverspredigt leichter zurücktreten, als unter den Convertiten. Aber so groß ist der Unterschied ihrer Stellung zum Katholicismus nicht, daß nicht beide in derselben Gemeinde und demselben Gottesdienste sich vereinigen könnten, um gleichermaßen ihre Nahrung zu empfangen. Die rechte Controversrede wird doch immer zugleich eine positiv erbauende sein und umgekehrt. Jedenfalls sind die waldensischen Evangelisten mit dem Katholicismus hinreichend vertraut, um auf das besondere Bedürfniß der Convertiten Rücksicht zu nehmen. Ich behaupte selbst, daß die Cultusform der evangelischen Vereine zum Theil daraus erklärt werden muß, daß sie sich aus Convertiten bilden; ich läugne nur, daß die besonderen Bedürfnisse der Convertiten als solcher irgendwie den Grund zu einer Trennung von der waldensischen Kirche hergeben konnten. Fühlen sich doch auch gar viele Convertiten in dieser heimisch. Aber das, meine ich, liegt in der Natur der Sache, daß sich katholische Italiener am meisten von Evangelisten angezogen

Vorzüge für jetzt ihnen Nachtheil bringen. Sie werden durch die Anschauung der evangelischen Vereine fortwährend dazu angetrieben, in der Accommodation an italienische Vorurtheile und Neigungen ihr Möglichstes zu thun, während die evangelischen Vereine an ihnen eine Anregung zu geordneter Gestaltung und, ohne es zu wissen und zu wollen, einen Halt und einen Regulator haben. Zu einer völligen Verschmelzung beider Parteien wird es nicht so leicht kommen. Aber wohl kann der Gedanke Meille's mit der Zeit sich realisiren, daß sie sich einigen zu einem italienischen Zweige des evangelischen Bundes und in brüderlichster Weise neben einander wohnen. Unsere Vorliebe verdienen die Waldenser um ihrer Vergangenheit willen und um der Klarheit willen, welche ihre gegenwärtige Evangelisation für uns hat. Aber wir würden Unrecht thun, wenn wir der anderen Partei mit zu großem Mißtrauen begegneten. Sie bieten uns ebenso viel Grund zur Hoffnung als zur Furcht. Gefährlicher würde es sein, wenn bei einer Bewegung großer Massen der Schwerpunkt der Evangelisation nicht in die geregelte Kirchengemeinschaft der Waldenser fiele. Aber jetzt handelt es sich nur darum, einzelne Seelen zu gewinnen. „Wir fischen mit der Angel, nicht mit dem Netz," sagte Meille zu Genf. Das Wort des Paulus: „daß nur Christus verkündiget werde allerlei Weise," ein Wort, welches mir über das Anstößige der Predigten eines Gavazzi nicht hinweghilft,

---

fühlen werden, die nicht in einer evangelischen Kirche geboren, sondern um ihres Glaubens willen erst in männlichem Alter die katholische Kirche verlassen haben. So sagt ein Brief aus den Waldenserthälern (Protest. Monatsbl. 1861 Jan., S. 45): „Man könnte denken, daß gerade gebildete und begabte Convertiten die geborenen Evangelisatoren sein müßten. Denn was die Kraft der Predigt ausmacht, ist nicht nur die Ueberzeugung an sich, sondern die selbsteigene tiefste Lebenserfahrung, daß das Evangelium eine wiedergebärende Macht habe, die Erfahrung, daß solcher Glaube wirklich zu den höchsten und schmerzlichsten Opfern befähigt. Erst das ist uns ganz eigen, was wir schwer erkauft, mit heißer Mühe erworben haben, — wie im Aeußeren, so im Geistigen. Das wird vorzugsweise bei Convertiten hervortreten, weniger da, wo evangelische Gewöhnung und christliche Sitte die gesammte geistliche Entwicklung begleitet und stetig durchbrungen haben."

mahnt mich zu voller Freude an dem Werke der italienischen Brüder. Was an ihrer Verkündigung noch bedenklich sein mag, es hindert nicht die Kraft der Predigt von Christo, während Gavazzi's schönste Zeugnisse von der Wahrheit und Gnade des Herrn so oft, wenn sie kaum erschallt sind, gleichsam zurückgenommen werden durch ein Hosiannah, das an die fleischlichen Erlösungshoffnungen Israels erinnert. Wir müssen uns freuen, wenn von verschiedenen Seiten im Namen Christi Menschenfischer kommen, ob auch das Nebeneinander zweier evangelisirender Parteien uns verdrießen möchte und ob auch die eine in ihrer gegenwärtigen Gestalt uns noch nicht völlig befriedigt[1]. Leider mangelt es dennoch so sehr an Arbeitskräften, daß die ergiebigsten Felder, Städte wie Perugia und Siena, noch brach liegen. An fast jedem Orte würden sich, wenn die Predigt des Evangelii erschallte, kleine Häuflein um sie schaaren[2].

---

[1] Ein Correspondent in den Prot. Monatsblättern fürchtet, „daß es ihrem schönen Eifer an Besonnenheit wie an tieferer Klarheit und Einsicht fehle;" er macht geltend, daß natürliche Begabung und eifriges Bibelstudium niemals eine gründliche theologische Bildung ersetzen können, er macht sich auf Mißbildungen gefaßt. Dennoch sagt er: „Es will mich bedünken, als wenn die Bewegung, besonders in Mittel-Italien, solche „Pioniere" der Evangelisation reichlich brauchen könnte."

[2] Im Stillen haben sich gewiß an vielen Orten schon einzelne Gläubige vereinigt, die niemals die Predigt eines Evangelisten gehört haben und von denen kein Evangelisations-Comité etwas weiß. In der diesjährigen Buona Novella vom 31. October wird erzählt, wie ein evangelischer Handwerker aus Turin in Cirié, einem unweit der Hauptstadt gelegenen Orte, an welchem er sich niedergelassen, zuerst mit dem schmerzlichen Gefühle wohnt, inmitten einer abergläubischen Bevölkerung der einzige Bekenner des Evangelii zu sein, dann aber zu großer Ueberraschung eines Abends an einem Laden angeschlagen sieht: „Verkauf von Bibeln und evangelischen Büchern" und am folgenden Sonntag bei dem Ehepaar, welches den Laden hält, eine kleine Zahl von Brüdern versammelt findet, welche sich mit Gebet und mit dem Lesen der heiligen Schrift erbauen. Jetzt wird in Cirié wöchentlich von einem Turiner Evangelisten Gottesdienst gehalten und es kommen manchmal mehr als 100 Einwohner, um daran Theil zu nehmen.

## Viertes Capitel.

Der Stand der Sache fordert uns zur Mitarbeit auf. Wie können wir Handreichung thun? Die gefährliche Lage des weltlichen Papstthums ein Grund mehr, die Zeit auszukaufen. Schlußwort.
(Das Motto dieser Schrift).

---

Ich habe den Charakter, die Resultate und die Aussichten der evangelischen Bewegung in Italien meinen Lesern vorgeführt. Habe ich das Bild richtig gezeichnet, dann wird in ihnen von selbst das Gefühl wach sein, daß die Evangelisation Italiens es verdient und es bedarf, von der gesammten evangelischen Kirche auf dem Herzen getragen und nach Kräften gefördert zu werden. Es wird selbst abgesehen von äußerlicher Hülfe ein großer Segen für die Evangelisten Italiens und ihre Gemeinden sein, wenn sie die evangelischen Christen aller Länder in einer geistigen Gemeinschaft an ihrem Werke sehen. Bei ihrem großen schweren Werk bedürfen sie der Stärkung und Aufrichtung: sie wollen von dem Mitleid und der Mitfreude, von Fürbitte und Fürsorge ihrer Brüder getragen sein. Aber auch für äußere Hülfe ist viel Raum da und ich empfehle allen Einzelnen, an ihrem Orte darauf bedacht zu sein, daß Alles, was in menschlichen Kräften steht, geschehe, um ein der Eitelkeit unterworfenes, aber herrlich angelegtes Volk aus dem Dienst des vergänglichen Wesens der herrlichen Freiheit der Kinder Gottes entgegen zu führen. Es läßt sich nicht läugnen, daß wir Deutsche bisher zu zurückhaltend gewesen sind, die äußerliche und geistige Mitarbeit zu sehr versäumt haben. Muß uns überhaupt die Evangelisation Italiens als ein in das Herz des Katholicismus vordringendes und für ein reiches Volk bedeutungsvolles Missionswerk ganz besonders angelegen sein, so finde ich auch in dem gegenwärtigen Stande der Sache nur Aufforderungen zu einer regen Mitarbeit.

Ich sehe es zum Schluß noch als meine Aufgabe an, Winke für eine solche Mitarbeit zu geben. Ich theile zunächst einen längeren Abschnitt aus einem Briefe mit, den ich von Seiten eines hervorragenden waldensischen Evangelisten erhalten habe. Er schreibt: „En principe l'instruction des enfants, les écoles, c'est bien la plus sûre garantie de l'oeuvre; c'est une oeuvre de foi: les fruits seront proportionnés à la foi avec laquelle y on aura travaillé. C'est encore une oeuvre qui réunit le plus de sympathies parmi les protestants. En tout cas c'est une oeuvre qui doit accompagner la mission. Ainsi une Société qui se proposât d'aider l'evangélisation de l'Italie au moyen des écoles remplirait un but, et satisferait un besoin. C'est une part qui doit revenir à quelqu'un. L'Allemagne, le pays de l'instruction, ne pourrait probablement pas faire mieux que de porter sur cet objet son attention, sa bienveillance chrétienne, ses charitables efforts en faveur de l'Italie. En pratique, il y a des difficultés. Le clergé et le gouvernement rivalisent déjà sur ce point. Les communes sont obligées, de pourvoir à l'instruction. Des sociétés particulières, qui ne sont pas protestantes, travaillent en certains endroits. Là où il se fait beaucoup, il y aurait quelque difficulté; mais hélas! il reste toujours beaucoup à faire; et d'ailleurs si nous laissons les enfants à qui veut les prendre nous perdons du temps et des âmes. L'Ecole Normale de la Tour peut rendre des services. Elle a besoin d'appuis. L'honoraire du professeur n'est pas assuré. Ce qu'on peut faire à cet égard serait utile. De plus des bourses pour des italiens convertis qui retourneraient dans leurs localités seraient un moyen souvent très-avantageux d'avancer l'oeuvre. Rien de ce qu'on peut faire ne serait inutile. Vous avez en Allemagne des cartes géographiques admirables; vous avez abondance de tout: si de votre surplus vous contribuez ce sera un service que vous rendrez, qu'elle que soit la contribution. Si même vous nous envoyez une nouvelle espèce de missionnaires, des instituteurs, des professeurs ayant mission d'enseigner; si vous nous les prêtez pour nos écoles, si vous chargez quelque homme capable de venir quelque temps parmi nous, de donner des conseils, de fournir des exemples, cela encore sera excellent." Einiges aus diesem Briefe ist besonders sehr beherzigenswerth für Solche, die an Ort und Stelle reisen können. Wenn sie, besonders die Schulmänner, die Waldenser in ihren Thälern und in ihren Evangelisationsstationen besuchen, so werden sie viel Gutes thun können und zugleich viele schöne Eindrücke mitnehmen. Ueberhaupt wäre es zu wünschen, daß die Deutschen, welche nach Italien gehen, sich mehr um das Evangelisationswerk bekümmerten, das doch in dem heutigen Leben Italiens eine so bedeutende Stelle einnimmt. Sie würden zum Wenigsten dazu beitragen können, daß in der Heimath die Sache mehr Beachtung und Sympathie findet. In den waldensischen Thälern, die sich von Turin aus so leicht erreichen lassen, sind Deutsche sehr seltene Gäste; und doch ist der Besuch der Thäler in mannichfacher Beziehung sehr lohnend. Aber die Meisten, welche diese Blätter lesen, werden sich darauf beschränkt sehen, mit einem Geldbeitrag zur Förderung des Werkes zu helfen und ich kann nur mit dringender Bitte ermuntern, solche Gabe darzureichen; es mangelt gar sehr an äußeren Mitteln. Ich erlaube mir daher noch anzugeben, wohin ich Geldbeiträge besonders gerichtet sehen möchte.

Ich bringe für jetzt nicht auf eine Unterstützung der evangelischen Vereine Italiens. Ich glaube allerdings, daß sie um so mehr vor jeglicher Irrung bewahrt bleiben werden, je mehr ihnen aus der Mitte der großen bestehenden Kirchengemeinschaften die Hand geboten wird. Obwohl sie sich gegen jeden fremden Einfluß sträuben, so könnte doch eine thätige Unterstützung derselben uns die Möglichkeit einer Einwirkung eröffnen. Ein mit der That unterstütztes Wort wird nie ganz vergeblich sein. Eine gleichzeitige Unterstützung beider Parteien könnte auch beiden als ein Fingerzeig dienen, nicht gegen einander sondern mit einander zu arbeiten. Eine Anerkennung ihres beiderseitigen Berufs und ausgesprochener Glaube an ein friedliches Zusammenwirken der Parteien könnte ein Weniges dazu beitragen, sie zusammen zu führen. Doch ich will den Gewinn nicht überschätzen, den eine solche Handreichung bringen könnte und wage es nicht, zu derselben dringend aufzufordern, da ich gestehen muß, daß die evangelischen Vereine noch nicht die volle Gewähr einer gesegneten und erfreulichen Entwickelung geben. Es kann mit Recht als verfrüht angesehen werden, wenn man jetzt schon gleichzeitig zwei Parteien unterstützen wollte, zwischen denen noch Spannung und Reibung besteht. Jedenfalls liegen uns die Waldenser näher und ich bitte vor Allem, diese zu unterstützen. Sollte aber Jemand eine besondere Sympathie für die andere Partei gewonnen haben, so bitte ich ihn mir sein Scherflein für dieselbe, besonders für ihre Schulen, zu senden. Ich würde solche Gaben an Mazzarella senden und bin gewiß, daß sie keine verlornen sein würden.

Was aber die Unterstützung der Waldenser betrifft, so verweise ich in Uebereinstimmung mit obigem Briefe ganz besonders auf ihr Schulwesen. Ich habe oben gezeigt, wie die Jugend in viel höherem Grade als die erwachsenen Generationen Hoffnung erweckt für die Evangelisation. Die Schule ist das Mittel, durch welches hauptsächlich dem Evangelium Eingang in Italien verschafft werden wird. Diese Ansicht theilen wohl alle Evangelisten Italiens. Aber bei dem Wetteifer im Gründen von Schulen, der in Italien erwacht ist, ist es doppelt wichtig, gute Schulen einzurichten, evangelische Schulen, die durch Vortrefflichkeit ihres Unterrichts die Jugend an sich ziehen. Es kommt darauf an, daß der Unterricht in gute Hände gelegt werden kann, in die Hände von Lehrern, welche nicht nur in evangelischem Glauben stehen, sondern auch eine gründliche und methodische Bildung für ihren Beruf erhalten haben. Daher ist es sehr erfreulich, daß ein Lehrer-Seminar in den waldensischen Thälern bereits vorhanden, die oben genannte Ecole Normale von La Tour. Ich halte dieses Seminar für eine sehr wichtige Evangelisationsanstalt und empfehle es um so mehr der Fürsorge, weil es der Unterstützung sehr bedürftig ist. Ich theile einen Aufruf auszugsweise mit, welcher im Januar dieses Jahres im Auftrag der waldensischen Tafel von ihrem Moderator zu Gunsten dieser Anstalt erlassen worden ist[1]): „Niemals haben die Verhältnisse die freie Verbreitung der Bibel und die Predigt des Evangeliums in Italien so begünstigt, als in unseren Tagen. Die Waldenserkirche ist bei diesen sichtbaren Zeichen der Gnade des Herrn nicht unthätig geblieben. Ihre verschiedenen Evangelisationsstationen, wie die Verlegung ihrer theologischen Schule nach Florenz bezeugen dies. Aber damit diese Anstrengungen Wirksamkeit und Dauer erhalten, ist es nothwendig, daß mit der äußeren Thätigkeit eine entsprechende Entwickelung des inneren Lebens Hand in Hand gehe, ist es namentlich von der höchsten Wichtigkeit, daß ihre Unterrichtsanstalten (Collége, Pensionnat, Ecole Normale), in welchen gute Arbeiter vorbereitet werden sollen, sich entwickeln und befestigen, damit in demselben Maße, in welchem die Kirche ihre Zweige ausbreitet, sie auch ihre Wurzeln in den Boden senke. Diese Betrachtungen betreffen zunächst die Ecole Normale, deren Lage wir kurz darlegen wollen. Es ist dieselbe von großer Bedeutung für die Kirche, wie auch eine unentbehrliche Hülfe für die Evangelisation und für die Erweckung des religiösen Lebens in den Gemeinden. — Die Zahl der Zöglinge beträgt mehr als dreißig. — Der Studienplan umfaßt drei Jahre, an deren Ende die Zöglinge ein Zeugniß von der Table erhalten, worauf sie sich bei der Regierung zu melden haben, um von ihr ebenfalls ein Zeugniß zu erlangen. — Dasselbe setzt sie in den Stand, in dem ganzen Umfang des Königreichs Italien Schulen zu errichten." — In einem den Aufruf begleitenden Schreiben an den Herausgeber der Neuen Evang. Kirchenzeitung sagt Pastor Malan: „Man wird leicht, namentlich in Deutschland, begreifen, wie dringend nothwendig die Heranbildung tüchtig vorgebildeter

---

[1]) Vgl. Neue Evang. Kirchenzeitung Nr. 15.

Arbeiter ist, wenn das Evangelisationswerk in Italien Festigkeit erhalten soll. Und diesem Zwecke sollen unsere höheren Unterrichtsanstalten dienen. Die Ecole Normale kann jedes Jahr sechs Lehrer dem Evangelisationswerk zuführen und mit wachsenden Einnahmen ließe sich diese Zahl noch sehr erheblich vermehren." Aber die finanzielle Lage der jungen Anstalt ist durchaus nicht glänzend. Sie erhält sich fast nur durch Jahresbeiträge, die bisher die jährlichen Ausgaben (ungefähr 4000 Fr.) nicht haben decken können. Helfen wir der Anstalt nach unseren Kräften zum Bestand und zur Erweiterung.

Endlich möchte ich noch ein gutes Wort einlegen für die Schulen Cresi's in Neapel, der in demselben Geiste wie die Waldenser wirkt. In Neapel gilt es ganz besonders, die Jugend dem Evangelium zu gewinnen, da die Erwachsenen der Evangelisation wenig zugänglich sind, und es ist dort viel Aussicht, durch gute Schulen zu wirken, da das Schulwesen im Süden noch sehr darnieder liegt. Es ist sehr erfreulich, daß die Anziehungskraft der evangelischen Schulen wächst. Zuweilen kommen Handwerker und übergeben den evangelischen Lehrern ihre Kinder mit den Worten: „Die Priester haben Esel aus uns gemacht; wir wollen nicht, daß es unseren Kindern auch so gehe"; und wenn man sie darauf aufmerksam macht, daß sie es mit excommunicirten Lehrern zu thun haben, so sagen sie: „Wie dem auch sei, ihr seid besser als wir und meint es gut mit uns." Cresi schreibt mir: „Das System, die Evangelisation durch Gründung von Kinderasylen und Elementarschulen vorzubereiten und zu unterstützen, gewinnt immer mehr Bestand. Alle erkennen endlich die großen Dienste an, welche solche Institute der Ausbreitung des Evangelii leisten. Es giebt Viele, die offen ihre widerchristlichen Anschauungen aussprechen; Andere, — ich kenne solche — welche sich noch durch Gewohnheit an die Tiara des Vaticans gebunden fühlen — trotzdem wünschen sie, daß ihre Kinder unsere Schulen besuchen. Die Einen und die Anderen geben ohne es zu wollen der heiligen Sache, welche wir vertheidigen, ein gutes und glänzendes Zeugniß." Ich habe von dem guten Gedeihen einer Mädchenschule, welche

Cresi gegründet hat, schon oben gesprochen. Sie bedarf fortwährend der Unterstützung, wie auch eine Knabenschule, die er erst
vor Kurzem eingerichtet hat. Es sind nur pecuniäre Schwierigkeiten, welche letztere bisher gehindert haben recht zu gedeihen.
Cresi schreibt mir: „Ich hoffe etwas auszurichten, wenn ich von
den Christen im Ausland moralisch und materiell unterstützt werde."
Ich wünsche ihm von Herzen solche Unterstützung auch von deutscher
Seite; bisher sind es vorzugsweise einige Glieder der freien Kirche
in Schottland, welche ihm Mittel darreichen. Ich bemerke noch, daß
auf Cresi's Wunsch der preußische Gesandtschaftsprediger in Neapel
die Mitdirection dieser Schulen übernommen hat und so eine Garantie mehr für eine gute Verwaltung etwaiger Gaben geboten ist.

Ich füge meinen Bitten noch eine Anfrage an die hinzu,
welche reges Interesse für die evangelische Bewegung Italiens
haben und besonders an die, welche sie durch eigene Anschauung
kennen gelernt haben. Mir scheint es wichtig zu sein, daß zwischen
dem evangelischen Deutschland und dem evangelischen Italien ein
geordneter Verkehr eingeführt werde. Ich meine, das nach Italien sein Angesicht wendende evangelische Deutschland sollte wie
andere evangelische Länder ein stetiges Organ gewinnen, ein Comité, durch welches es mit dem Fortgang der Bewegung vertraut erhalten werden und nach seinen Kräften auf dieselbe ein-
wirken könnte und zu immer neuer Handreichung angeregt würde.
Bis jetzt liegt das evangelische Italien uns Deutschen so fern: es
muß uns näher gebracht werden und das kann für die Dauer nicht
durch Einzelne geschehen. Die Sache ist eine Vereinigung von
Männern und ihre gemeinsame Arbeit werth. Der Gustav-Adolph-
Verein hat sein reges Interesse für die italienische Sache schon in
mannichfacher Weise bewiesen: fast alle Gaben, die bisher aus
Deutschland der evangelischen Mission in Italien zugeflossen sind,
verdankt sie ihm und seine letzte Haupt-Versammlung hat gezeigt,
daß er Italien nicht aus dem Auge verlieren will. Aber es scheint
mir, als sei es wegen des Umfangs der Arbeit nothwendig, daß eine
besondere Gesellschaft ihm in seinen Bestrebungen für jenes Land
zu Hülfe komme. Sie würde genug zu thun finden, selbst wenn

es nur ihre Aufgabe wäre, den weiteren Gang der evangelischen Bewegung in Italien zu verfolgen. Wer die Mittheilungen der Neuen Evangel. Kirchenzeitung und noch mehr wer die Mittheilungen der Buona Novella über die dortige Evangelisation verfolgt hat, wird den Eindruck gewonnen haben, daß die Bewegung in allerletzter Zeit größere Dimensionen anzunehmen beginnt. Es scheint sowohl, daß die Ausbreitung des Evangelii schneller vorschreitet als zuvor, als auch, daß es, wo es schon Boden gewonnen hat, mehr und mehr öffentliches Ansehen gewinnt. Ich schicke diese Zeilen zunächst nur als eine Anfrage aus und enthalte mich eines bestimmten Vorschlags. Ich hoffe aber, als Antwort ermuthigende Zuschriften zu erhalten und bald auf diese Anregung hin ein Comité gebildet zu sehen, das mit nachhaltigerem Erfolg, als dieses Schriftchen und frühere Aufforderungen haben konnten, für die evangelische Mission in Italien arbeiten wird.

In England hat der evangelische Bund einen Ausschuß für die Evangelisation Italiens erwählt. Ein Aufruf desselben beginnt mit den Worten[1]: „„Die Thüren sind den Boten des Evangeliums in Italien geöffnet — aber auf wie lange?" So schreiben unsere Freunde in Genf an uns, und so sprechen wir zu allen unseren Mitgliedern und Freunden in England, Schottland, Irland und in den Colonien. — Gegen solche Sprache kann Niemand taub bleiben, wenn vierundzwanzig Millionen Seelen, die noch gestern unter der Gewalt des Papstthums standen und von Evangelisten und Colporteuren nicht besucht werden durften, großentheils danach verlangen, das Wort Gottes zu empfangen, oder doch wenigstens von demselben erreicht werden können. Andererseits findet sich in unserem ganzen Lande die freudigste Bereitwilligkeit zu der nothwendigen Hülfe. Welches Christenherz entbrennt nicht bei dem bloßen Gedanken, daß Italien das Evangelium und mit ihm die so lange entbehrte bürgerliche und religiöse Freiheit erhalten könnte! Darum fragt man überall, wie man doch dieses segensreiche Werk unterstützen könnte."

---

[1] Vgl. Neue Evangel. Kirchenzeitung. 1861. Nr. 6.

Ich habe die Hoffnung, daß auch das evangelische Deutschland nicht taub bleibt gegen den Ruf, welcher von Italien her zu uns tönt. Ich habe ihn mit meiner schwachen Stimme erneuern und denen, die ihn gehört haben, sagen wollen, wie man dieses segensreiche Werk unterstützen könnte.

Ich habe geglaubt, in diesem Schriftchen absehen zu dürfen und absehen zu sollen von Reflexionen über die Wahrscheinlichkeit oder Unwahrscheiulichkeit eines baldigen Endes des päpstlichen Königthums. Ich habe überhaupt politische Betrachtungen, soweit es mir möglich war, ausgeschlossen. Mögen sie nun den Zuständen des südlichen Italiens gelten oder den kirchenstaatlichen Räthseln, sie lassen sich nicht in beiläufigen Bemerkungen zu einem Bericht über die evangelische Bewegung in Italien ausführen und ich fühle auch keinen Beruf, politische Fragen, soweit sie politische sind, in eingehender Weise zu erörtern. Vom Standpunkte dieses Schriftchens aus habe ich zunächst nur noch den herzlichen Wunsch und die zuversichtliche Hoffnung auszusprechen, daß, welche Lösung auch die schwebenden Fragen finden mögen, Gewissensfreiheit und Glaubensfreiheit den Völkern erhalten bleiben, welche sie nun gewonnen haben und den Anderen zu Theil werden, die sich ihrer noch nicht erfreuen. Es ist gewiß, daß die Unterthanen des Papstes unter den Schranken am wenigsten leiden, deren Fall wir für sie am sehnlichsten wünschen, daß sie jede andere Knechtung mehr empfinden als die Unterdrückung ihres religiösen Lebens. Sie müssen von ihren schweren Fesseln erst frei werden, um die größten Güter des menschlichen Lebens recht schätzen und um ihre geistige Noth recht fühlen zu lernen. Sie sind zu sehr an die Nacht gewöhnt, um ernstlich nach dem Licht des Evangelii zu fragen; aber wenn einmal seine Strahlen auf Rom fallen werden, dann wird das Volk, das in Finsterniß wandelt, das Dunkel als Dunkel erkennen und das Licht immer mehr suchen. Ferner drängt sich mir noch eine Betrachtung auf. Bis jetzt weigert sich das Papstthum hartnäckig, auf eins seiner weltlichen Rechte zu verzichten. Es wird sehr verschieden darüber geurtheilt. Die Einen glauben, daß es, der Wiedergeburt zu einem rein geistlichen Ober=

priesterthum unfähig, so in richtiger Erkenntniß über die Wurzeln seiner Kraft auf der einzigen Basis stehen bleibe, die seine geistliche Macht dauernd begründen könne; die Anderen glauben, daß es, einer dauernden Vertheidigung seiner weltlichen Macht unfähig, so einem neuen Aufblühen seiner Herrlichkeit in thörichtem Wahn sich in den Weg stelle und täglich seine Zukunft mehr untergrabe. Ich halte auch diese Frage für zu schwer und tiefgreifend, um an dieser Stelle weiter in dieselbe einzugehen. Nur einige Bemerkungen füge ich bei, um mir zu einer Betrachtung den Weg zu bahnen, die diesem Schriftchen näher steht. Ich halte nicht dafür, daß der Fall des weltlichen Papstthums den Fall des geistlichen Papstthums nach sich ziehen würde. Dies hat seine Wurzeln nicht nur in seinem weltlichen Besitz, sondern auch mit dem ganzen Romanismus zugleich in den Tiefen des natürlichen Menschen. Ich glaube aber auf der anderen Seite nicht, daß der Verlust weltlicher Macht eine Wiedergeburt des Papstthums in evangelischem Sinne zur Folge haben würde. Wenn es mit seiner Lebenskraft ganz und gar auf das geistige Gebiet angewiesen werden sollte, so würde es zwar der Erscheinung nach ein ganz anderes, scheinbar edler und reiner werden, aber es könnte ebenso giftige und giftigere Früchte bringen als zuvor, wie ein Mensch, der seiner sinnlichen Natur gewissermaßen entkleidet wäre, dennoch um so mehr der Sünde Knecht sein könnte. Hiernach kann ich die bedrohte Stellung, in welcher wir gegenwärtig das Papstthum sehen, nicht als ein hoffnungsvolles Vorzeichen seines völligen Falles mit den Einen, noch in Zuversicht auf eine segensvolle Regeneration desselben mit den Anderen ansehen. Die dem Evangelio feindliche Macht wird, so glaube ich, wenn ihr die Königskrone genommen wird, doch eine Macht und eine dem Evangelio feindliche Macht bleiben. Aber eine andere und für diese Blätter wichtigere Frage ist die, welche Bedeutung der Sturz des weltlichen Papstthums nicht sowohl für die Geschichte der christlichen Kirche überhaupt, als vielmehr für die Religionsgeschichte Italiens haben würde. Es leuchtet ein, daß ein solches Ereigniß für den außeritalienischen Katholicismus ganz andere Folgen haben könnte, als für den italienischen. Vielleicht würde es diesseits der Alpen in weiten Gebieten des Katholicismus neue Begeisterung für das geistliche Pontificat erwecken. Aber den Italienern tritt im Papste zu sehr der weltliche Fürst entgegen, als daß er nicht, seiner Königswürde entkleidet, überhaupt sehr in den Hintergrund treten sollte. Scheinbar steht es nicht so. Die liberale Presse Italiens spricht viel von dem großen Aufschwung, den das Papstthum durch Verzichten auf seine fürstlichen Rechte nehmen könne. Passaglia und die Seinen dringen im Interesse der geistlichen Papstgewalt auf das Darangeben der weltlichen. Sie sagen, um ein Wort der Colonna di fuoco, des Blattes der liberalen Priester Süditaliens, anzuführen: „Die italienische Revolution ist in hohem Grade religiös, wenn sie sich daran macht, die Mißbräuche des römischen Hofes zu bekämpfen, aber das religiöse Pontificat nicht verkennen will, welches sie als nothwendig für das moralische Primat Italiens über die übrigen Nationen Europa's ansieht. Die italienische Bewegung vereinigt die Civilisation mit dem wahren Geiste der Religion. Sie verlangt, daß der Papst sich der weltlichen Macht entkleide, damit die Religion zu ihrer Reinheit und zu ihrer ursprünglichen Einfachheit zurückkehre." Die Einen sprechen von einer Wiedergeburt des Papstthums, ohne an sie zu glauben und ohne ein ernstes Interesse an ihr zu nehmen; die Anderen — sie sind hauptsächlich im Klerus zu suchen — sind aufrichtige Verehrer und Freunde eines geistlichen Pontificats. Jedenfalls ist unter diesen Umständen das Papstthum in Gefahr, solche Italiener, die mit Liebe oder die mit Gleichgültigkeit auf seine geistliche Macht sehen, sich immer mehr zu entfremden, so lange es ein Hinderniß für das nationale Streben bleibt. Im Interesse der evangelischen Bewegung könnte man daher vielleicht wünschen, daß die der geistlichen nachtheilige weltliche Würde des Papstes ihm noch erhalten bleibe. Es könnte scheinen, als müsse die Blüthezeit der Evangelisation in dieses Stadium der zunehmenden Entfremdung zwischen Papstthum und Italien fallen. Aber dem ist nicht so, weil solche Entfremdung noch keine Annäherung an das Evangelium ist, an und für sich noch nichts mit der evangelischen Bewegung zu thun hat. Auch ist nun einmal, wie schon bemerkt wurde, die Partei Passaglia's so stark und spricht sich so laut aus, daß sie wohl Aussicht hat, alle die an sich zu ziehen und vor Ausschreitung zu bewahren, welche an dem Papstthum nur die weltliche Herrschaft in nationalem Interesse hassen. Aber dennoch giebt es für die Evangelisten Italiens gerade jetzt eine besondere Aufforderung, die Zeit auszukaufen und die Stunden wahrzunehmen. Es läßt sich trotz Allem, was in Italien gesagt wird, um das Papstthum zu einer Selbstbeschränkung auf das Geistliche zu bewegen, erwarten, daß es wenigstens zunächst eine entschiedene Schwächung durch den Verlust seiner weltlichen Gewalt erleiden würde, um so mehr, je mehr Widerstreben und Widerstand es bis zuletzt zeigen würde. Es könnte sich dann zeigen, daß eine große italienische Partei, die bisher schmeichlerisch von dem geistlichen Pontificat redet, in Wahrheit gar kein Interesse an dem Papstthum nimmt, nur eine Feindschaft für den Papst-König und keine Freundschaft für den Papst-Priester hegt. Zunächst würde ferner das Papstthum sich in seine neue Gestalt einleben müssen und würde sich gehindert fühlen, die geistliche Macht, die ihm geblieben, kräftig auszuüben. Viele Elemente würden entfesselt werden und sich ihrer Ungebundenheit freuen, die jetzt von Rom her in Schranken gehalten werden. Man würde den weltlichen Papst und den geistlichen Papst, obwohl man sich jetzt solchen Anschein giebt, nicht reinlich zu unterscheiden wissen. Kurz, es scheint mir richtig, was Cresi mir schreibt mit Bezug auf die Möglichkeit eines Falles der weltlichen Papstmacht: „Wenn dann das Land nicht vorbereitet ist, werden wir in eine moralische und religiöse Anarchie gerathen, aus der uns Gott allein wird retten können." In seiner Weise baut Passaglia einer solchen Anarchie vor; aber ich glaube nicht, daß sein Einfluß noch so weit reichen würde, wie jetzt, wenn es sich nicht mehr um die Opposition gegen das weltliche Papstthum handelte, deren Hauptvertreter er ist, sondern um eine Hebung der geistlichen Macht; diese ist eine Hauptsache in seinem Programm, aber nicht gleichermaßen in dem seiner Anhänger; die Priesterschaft wird freilich in ihrem eigenen Interesse dem geistlichen Papstthum treu bleiben, aber ihre Macht wird zugleich mit der päpstlichen geschwächt werden. Man kann das Ende päpstlicher Macht für Italien herbeiwünschen, aber man muß es auch fürchten, wenn man nicht eine andere Macht in Aussicht hat, die an Stelle des Papstthums die Völker Italiens unter ihre Erziehung und Leitung nimmt. Ich halte nicht viel von dem sittlichen Werth der päpstlichen Macht und der des Klerus, die in ihr wurzelt, und bin weit davon entfernt, den Einfluß dieser Gewalten zu überschätzen. Aber man muß sich doch gestehen, daß für die Italiener, wie sie einmal jetzt sind, auf dieser Seite fast die alleinigen Hebel einer äußerlichen Zucht und äußeren Frömmigkeit zu suchen sind. So gering auch dies Aeußerliche anzuschlagen ist, wie wenig wahrhaft sittliches und religiöses Leben darin walten mag, die Macht eines schlechten Erziehers, der ein oberflächliches Gesetz handhabt, ist doch immer noch ein Gut gegen die Herrschaft der Willkür. Eine Schwächung der päpstlichen Gewalt würde — fürchte ich mit Cresi — zu einer moralischen und religiösen Anarchie Italiens führen können, in welche sich schwer eine neue ordnende und belebende Kraft einführen lassen möchte. Jedes Abbrechen, mit dem kein Aufbauen Hand in Hand geht, bringt Verluste, mag auch ein sehr baufälliges und gefährliches Haus weggeräumt werden. Von solcher Betrachtung aus scheint mir die Evangelisation Italiens, da sie allein etwas thut, um das italienische Volk auf den Genuß größerer Freiheit vorzubereiten, in gegenwärtiger Zeit eine ganz besondere Bedeutung und Wichtigkeit zu haben. So fährt Cresi fort: „Was aber auch die Zukunft Italien bringen mag, wir, die wir geglaubt haben an den Erlöser, werden fortfahren, so weit es uns von Gott gegeben werden wird, mit dem begonnenen Werk." Ja! in solchen Erwägungen liegt eine bringende Aufforderung für die Evangelisten Italiens, nach allen ihren Kräften dahin zu wirken, daß ein starker Unterbau evangelischen Glaubens und evangelischen Lebens in Italien sich gründe, ehe das Papstthum eine gefährliche Schwächung erleidet. Mag es nun früh oder spät zu einem Falle des päpstlichen Königthums kommen, an den Evangelisten

Italiens ist es, die Tage wahrzunehmen, die ihnen gegeben sind, um das Land auf eine solche Krisis vorzubereiten, daß es dann feste Pfeiler sehe und sich an ihnen halten könne. Es kommt nicht darauf an, daß die Massen sich schnell zum Evangelium bekehren; wenn nur aller Orten das Evangelium auf den Scheffel gestellt wird und als ein Sauerteig zu wirken beginnt, so ist Hoffnung da, daß es mit seiner Zucht, wenn auch von einem kleinen Kreise aus, die verderblichen Wirkungen einer Auflösung gesetzlicher Zucht abwehrt. Auch wir müssen es als unseren Beruf erkennen, dazu mitzuwirken, daß das Evangelium in Italien wie eine Stadt vom Berge her weithin in's Auge falle, wenn etwa auf den Hügeln Roms die Fahne des päpstlichen Königthums sinken sollte.

Ehe ich schließe, denke ich noch einmal an die schönen Worte Dante's, die ich als Motto dieser Schrift mitgegeben habe. Passaglia hat eine Schrift über die Excommunication mit einigen Versen, in deren Mitte sie stehen, geschlossen[1]):

> Non sien le genti ancor troppo sicure,
> Agiudicar, si come quei che stima
> Le biade in campo pria, che sien mature:
> Ch'io ho veduto tutto'l verno prima
> Il prun mostrarsi rigido e feroce,
> Poscia portar la rosa in su la cima:
> E legno vidi già dritto e veloce
> Correr lo mar per tutto suo cammino,
> Perire al fine all'entrar della foce[2]).

Passaglia hat diese Worte und die, mit welchen der 13. Gesang des Paradieses schließt: „Quel può surger, e quel può cadere"[3]) mit schmerzlichem Gefühl lesen müssen. In uns begegnen

---

[1]) Vergl. Prot. Monatsblätter 1861 „Pater Passaglia und der Passaglismus in Italien." S. 326.

[2]) Mögen die Menschen nicht zu sicher in ihrem Urtheil sein, wie der, welcher das Getreide auf dem Felde abschätzt, ehe es reif ist. Denn ich habe den Dornstrauch, der zuvor den ganzen Winter dem Auge kahl und wild sich zeigte, hernach noch Rosen auf seinen Zweigen tragen sehen. Aber das Schiff, welches mit geradem, schnellem Lauf das Meer auf seiner ganzen Fahrt durchschnitten hatte, sah ich zuletzt untergehen, als es in den Hafen einlaufen sollte.

[3]) Der Eine kann auferstehen und der Andere kann fallen.

sie froher Empfindung. Nicht das ist vor Allem der Grund unserer Freude, daß wir das stolze Schiff des Papstthums in der Gefahr des Strandens sehen, sondern daß wir einen neuen Frühling kommen, Rosen evangelischen Glaubens, christlichen Lebens aufblühen sehen, wo zuvor in langer Winternacht nur ein kalter, kahler, todter Dornstrauch stand. Daran freuen wir uns von Herzen und wenn wir uns auch sagen lassen, daß die Blüthen des Frühlings noch nicht reife Früchte sind, daß noch mancher Sturm der Ernte des Herbstes zuvorkommen kann, so haben wir doch Vertrauen zu der Kraft, die in dem Todten neues Leben geschafft hat und warten in Hoffnung auf köstliche Früchte der Erde, die den Morgenregen empfangen hat.

Der Herr wolle unter uns viel Lust und Kraft erwecken, Mitarbeiter zu werden an dem großen Werke, das er in Italien begonnen hat, und wolle es vollführen nach seiner Gnade!

# Anhang.

Mittheilungen aus: „Don Abbondio e Carnesecchi. Ricordi d'un esule al Clero Toscano," und aus Gavazzi's Reden.

---

Zu wiederholten Malen habe ich in diesen Blättern Mittheilungen gemacht aus einem im Jahre 1851 geschriebenen, dem Lord Palmerston gewidmeten Buche: „Don Abbondio e Carnesecchi, ricordi d'un esule al clero Toscano." Das Buch tritt mit scharfer Prüfung an den italienischen Klerus heran, aber ist in würdigem, ernstem Tone und mit evangelischer Gesinnung geschrieben. Es giebt mannichfache Einblicke in das Denken und Treiben der verschiedenen Stände des italienischen Volks und bietet daher ein sehr großes Interesse. Ich möchte deutschen Lesern wenigstens ein Capitel daraus durch Uebersetzung zugänglich machen, in welchem Don Angiolo, ein Priester guter Art, zur Einleitung seiner Selbstbiographie mit einigen charakteristischen Strichen gezeichnet wird. Er ist ein Katholik, der sich von seiner Kirche nicht lossagt, aber doch mit zarter schonender Hand ihre Mißbräuche auszuscheiden oder unschädlich zu machen sucht und ihren Formen möglichst viel evangelischen Inhalt giebt. Jeder Leser wird sich an diesem Bilde erfreuen und es mit dem Wunsche ansehen, es möchten in Italien recht viele solcher Priester arbeiten.

„Don Angiolo — heißt es — war ein schöner Priester mit offenem Gesicht und einem sehr lebhaften Auge. Er kleidete sich zu Haus und im Dorfe einfach, fast wie die Landleute; aber in der Kirche regelte er seinen Anzug gewissenhaft nach der Kirchenordnung. Sein Charakter tritt in den beiliegenden Blättern hervor, in denen er sich recht eigentlich zeigt, wie er vor Gott war. Ich mache jedoch auf einige Einzelheiten aufmerksam.

„Vor Allem liebte er das Latein wenig, obwohl er es sehr gut verstand; er pflegte zu sagen, daß diese Sprache, weit entfernt ihm zu gefallen, ihn geärgert habe. Er verkehrte viel mit den Landleuten, wenig mit den Honoratioren, gar nicht mit den übrigen Priestern. Ueber den Grund dieser Abneigung sprach er sich niemals klar aus.

„Er fehlte nie bei einem Hochzeitsmahl; aber niemals erschien er bei den Mahlzeiten der Priester, welche in den benachbarten Dörfern bei Gelegenheit von Festen oder Seelenmessen stattfanden, in seiner Pfarre schaffte er solchen Gebrauch allmählich ab. In Bezug auf das Fegfeuer entgingen einigen Augenzeugen nicht die folgenden beiden Bemerkungen über seine Haltung.

„Erstlich, wenn er nothwendig über diesen Gegenstand vom Altare her sprechen mußte, so wechselte seine Rede gleichsam den Ton, er fiel ins Ueberladene, ins Schwülstige, ins Hyperbolische: er kam nicht recht vom Fleck.

„Zweitens: er gab niemals genaue Rechenschaft über die Summen, welche er nach alter Gewohnheit am Todtenfeste und am vierten Fastensonntag einsammelte: daher entstand der Verdacht, daß er sie zum großen Theil für weise ausgetheilte Almosen verwende: in welchen er, wie man flüsterte, eine Freigebigkeit zeigte, die über seine bekannten Mittel ging.

„Unter seinen Büchern befand sich kein einziges theologisches: er hatte sie alle in eine Kiste eingeschlossen, welche, mit schwarzem Tuch bedeckt, in seinem Studirzimmer als Sopha diente. Indem er das Tuch aufhob, ließ er mich einmal eine Inschrift sehen, die von der Zeit halb verwischt war; mit neugierigem Auge sah ich sie aufmerksam an, aber ich konnte nichts Anderes entziffern als: Scat..a di Pan...a, was ich erklärte für Scatola di Pandora (Büchse der Pandora); aber ich bin nicht sicher, es richtig wiedergegeben zu haben.

„Er predigte sehr kurz in der Kirche. Sonntags bei der

Messe übersetzte er das Evangelium des Tages, ohne ein Blatt vor sich zu haben, in ein populäres und fast triviales Italienisch: er erklärte dann die schwer verständlichen Worte, die sich auf orientalische Gebräuche oder Vorurtheile bezogen und machte sehr wenige oder oft gar keine Bemerkungen über den übersetzten Abschnitt. Jeden Abend beim Schlage der 24. Stunde[1]) ging er in die Kirche, um eine kleine Rede über irgend eine sittlich-religiöse Wahrheit zu halten. Er sprach immer von etwas Neuem, mit vielen Pausen und in sehr ruhiger Weise: so brachte er es allmählich dahin, daß seine Leute von dem Fehler geheilt wurden, die Worte des Priesters mechanisch zu wiederholen.

„Er hielt niemals heftige Schmähreden. Nur ein Mal, da einige zu einem Sommeraufenthalt gekommene junge Leute bei der Messe, nachdem sie eine unehrerbietige und ärgerliche Haltung angenommen, zu lachen begannen, während er das Evangelium erklärte, wurde er von Entrüstung ergriffen und forderte sie vom Altare aus auf, die Kirche zu verlassen.

„Aber von dem Wenigen, was er in der Kirche sprach, wurden reiche Zinsen in den Häusern, auf dem Markt und auf den Feldern gewonnen. Es wurde bemerkt, daß zu seiner Zeit kein Prozeß (die Pest der kleinen Dörfer) lange dauerte und sehr wenige Citationen stattfanden, so daß die Richter, welchen die Sporteln zuflossen, mehr als Antipathie gegen ihn hatten.

„Nicht nur der Richter, auch der Apotheker taxirte ihn niedrig und hatte dazu guten Grund. In der That rieth unser Pfarrer 1. so viel er konnte, den Kranken ab, ihre Zuflucht zu Arzneien und Tränkchen zu nehmen. 2. Er hatte selbst ein wenig Medicin studirt und hatte in seinem Hause einen kleinen Vorrath von einfachen Mitteln für die gewöhnlichsten Krankheiten; er vertheilte sie umsonst. 3. Er suchte mit den wirksamsten Ermahnungen und mit seinem Beispiel seine Leute von tausend und aber tausend Dingen fern zu halten, welche, je weniger man auf sie achtet, desto mehr zu Krankheiten führen. Vor Allem drang er auf Rein-

---

[1]) Bei Sonnenuntergang.

lichkeit der Wohnungen, des Körpers und der Kleider. 4. Er war endlich sehr sparsam mit Weihrauch und Wachs, zwei Artikeln, welche unter seinem Vorgänger dem Apotheker sehr ansehnlichen Gewinn einbrachten. Dieser wußte sich auch dafür erkenntlich zu erweisen. Alle Weihnachten Chocolade, Figürchen, Confetti, eine Kiste voll; der arme Don Angiolo erhielt von allen solchen Süßigkeiten nicht das Geringste. — Um so besser, pflegte er zu sagen, so werden mir Indigestionen erspart. Er wollte niemals eine Magd annehmen. Seine Mutter sorgte, so lange sie lebte, für die häuslichen Geschäfte; als sie gestorben war, nahm sich ihrer ein Knabe an, der früh in's Haus aufgenommen worden war. Die Almosen (Manzoni würde sagen: die mit der diebischen Redeweise des Euphemismus so genannten) die Almosen bei Todesfällen weigerte er sich zu nehmen: bei Hochzeiten und Taufen nahm er sie gern, ohne sie zu fordern. Den Zehnten ließ er sich nur von den Wohlhabenden bezahlen.

„Er hatte ein lateinisch-italienisches Meßbuch kaufen lassen und es ausgetheilt an alle die, welche lesen konnten; und wenn er die Psalmen mit einigen seiner Gemeindeglieder, welche ihn im Chor unterstützten, sang, ließ er an den schönsten Stellen seine Bewunderung und Bewegung merken; er sah die Anwesenden mit Blicken des Verständnisses an, die denen lächerlich scheinen konnten, welche nicht daran gewöhnt waren.

„Die göttlichen Gebote schärfte er oft und mit Wärme ein; die der Kirche selten und mit halbem Herzen.

„Einige benachbarte Priester beobachteten ihn beständig mit der größten Aufmerksamkeit, aber er wußte sich ihrem pfiffigen und boshaften Spioniren immer zu entziehen.

„Einmal ging er, was sehr selten vorkam, über die Grenzen seiner Parochie und celebrirte, was noch seltener geschah, die Messe in einer anderen Kirche; der Kirchendiener, gewohnt mit den anderen Priestern die Sache zu überstürzen, war bei seinen langsamen und feierlichen Worten wie vom Donner gerührt und antwortete mit einem Gezischel von Tönen, aus denen sich kein Wort heraushören ließ. Von Stund an nahm Don Angiolo, wenn er seine Parochie verließ, immer seinen Kirchendiener mit, den er angeleitet hatte.

„Die Bilder, welche über den Altären seiner Kirche waren, ließ er fast das ganze Jahr unter diesem oder jenem Vorwand verhüllen: es war in ihr eine beständige Passionswoche. Auf dem Hochaltar hatte er ein ganz kleines Crucifix, nur um der Kirchenordnung zu genügen; über dem Altar ein großes Kreuz von Holz, weiter nichts. Nur zwei sehr große Bilder zu beiden Seiten des Altars waren fast immer bewahrt vor dem allgemeinen Schicksal der Verhüllung; das eine stellte dar den Tod des Gerechten, das andere den des Sünders. Don Angiolo hatte sie nach seiner Idee von einem sehr geschickten Künstler ausführen lassen und da sie sehr verschieden waren von den gewöhnlichen Darstellungen, will ich einige Worte über sie sagen.

„Das eine stellte dar auf bescheidenem Bette ein altes Familienhaupt, das von Söhnen und Töchtern, Schwiegersöhnen und Schwiegertöchtern und Enkeln umgeben — neben ihm ein Priester und sein hochbetagtes Weib — inmitten allgemeiner Trauer, welche durch Hoffnung verklärt wird, die Augen gen Himmel gerichtet ruhig ausathmet. Das andere stellte einen durch Mißbrauch des Lebens früh gealterten Mann dar, der einsam auf elendem Bett mit Schrecken den Tod nahen sieht; er wendet die Augen und streckt die Hände nach einer Gruppe von Kindern und Genien, welche die mannichfachen Freuden der Welt symbolisiren und mit Hohnlachen ihn verlassen. Der betrübte Priester, der einzige Tröster des Sterbenden, sucht vergebens seine Gedanken von ihnen abzuwenden: er hört ihn nicht und scheidet in Verzweiflung aus dem Leben. Auf keinem der beiden Bilder sah man Teufel oder Engel, Mönche oder Nonnen.

„Bekannt waren damals und sind noch jetzt in jenen Dörfern viele Anekdoten und Aeußerungen von ihm, von welchen ich einige berichten will. — Ein Mal hörte er einen Prediger mit großer Heftigkeit vom Zorne Gottes reden, da stand er auf und verließ plötzlich die Kirche, indem er sich unwillig und mit Zeichen der Mißbilligung durch die Leute hindurchdrängte.

„Ein Mal kamen zwei Landleute seiner Parochie in Streit über ein kleines Stück Land an der Grenze ihrer Aecker. Bevor sie jedoch vor Gericht gingen, fragten sie den Pfarrer um Rath; dieser sagte ihnen, nachdem sie sich eine Zeit lang heftig ausgesprochen hatten: Kommt mit mir! Ohne Weiteres machte er mit ihnen einen Spaziergang durch den Kirchhof, welchen er wie einen Garten hielt: da schilderte er ihnen die Flüchtigkeit des Lebens und die Zerbrechlichkeit irdischer Güter so eindringlich, daß die beiden, welche zuvor Feinde waren, bewegt und nachdenklich heimkehrten. Als sie wieder auf ihren Streit kamen, wetteiferten sie in edler Entsagung: jeder wollte dem Anderen abtreten und Keiner annehmen. Um dieses neuen Streits willen gingen sie wieder zum Pfarrer, welcher das Stück Land verlooste und den vom Loose Begünstigten eine kleine Summe für die Armen zahlen ließ.

„Ein ander Mal, da er mit einem Kaufmann von äußeren Interessen sprach, sagte ihm dieser in der Hitze des Gespräch, er sei kein Thor und wolle nicht als solcher gelten: und ich, antwortete er, gelte gern als ein Thor: der größte Thor in den Augen der Welt war Jesus Christus.

„In den ersten Zeiten seines Pfarramts kam folgender Fall vor. Von einem seiner Gemeindeglieder wurde ein berühmter Arzt gerufen. Als dieser kaum in das Haus des Kranken getreten war und eine Statue des heiligen Antonius, die von einigen Lichtern umgeben war, bemerkte, blieb er stehen und fragte: Was soll das? — Das ist Antonius, unser gebenedeiter Beschützer. — Und auf ihn setzt ihr eure Hoffnung? — Gewiß! Wissen Sie nicht, daß man ihn den Wunderthäter nennt? — Gut, dann gehe ich meiner Wege. — Und er schickte sich an fortzugehen; aber die Frau des Kranken hielt ihn unter Thränen fest. — Hört, antwortete er endlich, entweder er heraus, oder ich. — Aber warum? — Weil, wenn die Sache schlecht geht, es meine Schuld ist und wenn der Kranke geheilt wird, das Verdienst dieser Puppe. — Aber hören Sie doch, hob halb in Angst und halb in Kummer die Frau an; der Arzt wiederholte ganz trocken: er heraus, oder ich. — So sahen sie sich genöthigt, die Lichter auszulöschen und die Statue dem Professor zu übergeben, der sich mit ganzer Seele des Kranken annahm und ihn heilte.

„Dieser Vorgang wurde unter vielem Schimpfen dem Pfarrer erzählt. Der hielt sich kaum das Lachen und rief aus: Bravo! — Aber dann biß er sich auf die Lippen und fing ein anderes Gespräch an.

„Einem Mädchen, welches durch gewisse Lectüre auf den unglücklichen Gedanken, Nonne zu werden, gebracht worden war und zu ihm kam, um ihn nach der strengsten Regel, welche sie wählen könnte, zu fragen und um seine Vermittelung zu erbitten, antwortete er, nachdem er ernstlich nachgedacht hatte: Willst Du wirklich in einen strengen Orden treten? So heirathe! — Das Mädchen war bestürzt; aber dann dachte es der Sache besser nach und entschloß sich zum großen Aerger ihrer bigotten Mutter, statt den Schleier zu nehmen, ihr Jawort zu den ehrlichen Wünschen eines jungen Mannes zu geben, der schon lange um sie warb.

„Einige junge Herren, welche sich zur Jagd in der Gegend aufhielten, kamen am Morgen eines halben Festtages (wenn ich Papst sein werde, pflegte Don Angiolo zu sagen, werden die Halbfeste alle verschwinden) zu seiner Frühmesse. Einer von ihnen, welcher meinte, er brauche mit ihm keine Umstände zu machen, trat in die Sacristei, wo er sich vorbereitete und sagte ihm: Priester, sei so gut und mache die Sache kurz. Sehr gern, antwortete er lächelnd, wollt Ihr, daß ich Euch die Jägermesse lese? — Ist sie kurz? — Gewiß, sie ist die kürzeste im Meßbuch! Sogleich will ich sie suchen. — Darauf durchblättert er Blatt für Blatt das Meßbuch: er sucht, er sucht, die Zeit vergeht, die Jäger werden ungeduldig, bis endlich der eine wieder in die Sacristei kommt und ihm sagt: Wird es endlich? Wenn Du sie nicht findest, lies uns eine von den gewöhnlichen Messen; mache nur schnell! — Nun celebrirt er, zufrieden ihnen diese Lection ertheilt zu haben, seine Messe.

„Von einem Händler wurde ihm einmal eine schöne Copie der Madonna della Sedia gebracht: er wollte sie nicht kaufen, sondern bemerkte: schöne Frau, häßliche Madonna. — Obwohl der Verkäufer ihm zuredete, sagte er ihm: Bringe mir eine Madonna, die nicht jung und nicht schön ist, so kaufe ich sie gleich und bezahle sie dir gut.

„Ein Mal kam ein Engländer zu ihm in schwarzem Rock und weißer Cravatte: er nahm ihn mit seiner gewöhnlichen Artigkeit auf: sie kamen in ein religiöses Gespräch. Der Fremde rief in der Hitze des Gesprächs aus: Diese gebenedeiten Katholiken . . . . . Don Angiolo unterbrach ihn: und welcher Religion gehören Sie an? — Katholischer Christ. — Sprechen Sie bestimmter. — Katholik, Christ, evangelisch. — Lassen Sie uns aufrichtig sprechen: Sind Sie Protestant? — Ja! — Nun, entschuldigen Sie, dann wollen wir von etwas Anderem sprechen. — Aber warum denn? — Die Protestanten habe ich niemals kennen lernen wollen, von Jugend an nicht und ich habe niemals dahin gehen wollen, wo sie zu Hause sind. — Aber, lieber Herr, man muß sich nicht so verschließen . . . . . Ich bitte Sie abzubrechen. — Zumal sind Sie, wie ich sehe, schon . . . . . Es ist spät, antwortete Don Angiolo, indem er aufstand und seine Uhr nahm: es ist spät unter allen Umständen: lassen Sie uns zu Bett gehen. Am anderen Morgen ließ er ihm Frühstück geben, aber er wollte ihn nicht mehr sehen.

„Ein Mal war er bei einer Mahlzeit: einige Gäste wollten ihn aufziehen wegen der Länge seiner Messe. Eine Zeit lang schwieg er, dann sprach er entschlossen und barsch: Wissen Sie, meine Herrn, was ich zu sagen habe? Wenn ich Messe halte, denke ich an das, was ich vor mir habe und ich mag nichts zu schaffen haben mit denen, welche, die Uhr in der Hand, herumstehen.

„Ein ander Mal, als er mit einigen Priestern, was sehr selten vorkam, zusammengekommen war, kam das Gespräch auf große Autoren, die man studiren müsse: der eine lobte diesen, der andere jenen; der eine Augustin, der andere Hieronymus ꝛc. Er schwieg. Endlich als er dringend gefragt wurde, welcher ihm am meisten gefiele, antwortete er: verschiedene, ich will sie euch nennen: Matthäus, Marcus, Lucas, Johannes, Paulus und Jacobus, aber versteht sich mit den Commentaren! — Mit welchen Commentaren? Laßt hören. — Mit den Commentaren von Beco, Cecco, Tonio, Catera, Crezia, Menica und Bita. — Bei diesen Worten zuckten einige die Achseln, Andere lachten, Keiner verstand ihn. — Zwei Mal zu verschiedenen Zeiten empfing er Besuch von Regierungsagenten; das eine Mal bat man ihn, er möchte seine Gemeinde zu Gunsten gewisser politischer Neuerungen anfeuern und, wie der Agent ihm sagte, einen republikanischen Jesus Christus predigen, das andere Mal verlangte man von ihm, er solle einige seiner Gemeindeglieder denunciren, die bei gewissen revolutionären Excessen compromittirt waren. Beide Male antwortete er hartnäckig: Ich lasse mich nicht darauf ein. — Zureden, Vorstellungen, unehrerbietige Worte und endlich Drohungen, lockten ihm kein anderes Wort ab als: Ich lasse mich nicht darauf ein[1]). — So mußten denn die Beiden unverrichteter Sache zu ihren Auftraggebern zurückkehren. Er bekam eine Nase dafür; aber damit war es gut."

---

Aus der Selbstbiographie Don Angiolo's, die sehr anziehend geschrieben ist, läßt sich schwer Einzelnes ausziehen. Doch kann ich mich nicht enthalten einige wenige Stellen mitzutheilen, die von dem religiösen Leben eines echten Italieners in schöner Weise zeugen.

„Ich kann nicht widerstehen — beginnt Don Angiolo —, Du allein, mein Gott, bist hier mein Vertrauter und mein Freund: zu Deinen Füßen schütte ich alle Seufzer meines Herzens aus. Aber die Stimme genügt nicht, ich fühle das Bedürfniß, zu schreiben: ich nehme die Feder; ich rufe Dich an und bin bei Dir, ich fühle, daß Du mich treibst zu diesem Beginnen und es gut heißest: ich schreibe: ich vertraue mich selbst ganz dem Papiere

---

[1]) Ein Hauptvorwurf, welcher italienischen Priestern gemacht zu werden pflegt ist der, daß sie sich zu Spionen und Polizeidienern hergäben, besonders auch den Beichtstuhl und seine Geheimnisse in dieser Weise mißbrauchten.

an, ein Beispiel, das in meinem Kreise vielleicht neu ist. Wer weiß, ob nicht eines Tages diese Blätter, die ich schreibe, einem Anderen nützlich werden können, der in meiner Lage ist! O mein Herr! verleih mir die Gnade, so viel Gutes mit Werken zu thun, daß ich eines Tages Gutes mit meinen Worten thun kann. Während die Anderen mir beichten, beichte ich Dir, mein Gott; Du weißt Alles: meine Kämpfe und meine Siege, die ich mit Deiner heiligen Hülfe erstritten und meine Niederlagen, meine Leiden und meine Freuden; o gieb, daß Alles zu Deiner Ehre und zum Heile Deiner heiligen Kirche, Deiner Braut, dienen könne!"

Eine andere Stelle: „"Ehre sei Gott in der Höhe" .... Es ist klar, daß hier die Erklärung der Vulgata und Martini's irrt: nicht Friede den Menschen, die guten Willens sind, sondern: den Menschen ein Wohlgefallen. Dennoch bin ich heute am Altare dem Martini gefolgt: ich habe ausführlich davon gesprochen, wie der gute Wille nothwendig sei, damit wir zugelassen werden zum Genuß des göttlichen Friedens: und meine Worte haben Gutes gewirkt. Der Handwerker hat unvollkommene Werkzeuge geerbt: soll er damit anfangen, sie alle von Neuem herzustellen? Unterdeß flieht die Zeit und die Arbeit kommt nicht in Gang und Hunger stellt sich ein. Oder soll der weise Handwerker nicht vielmehr mit den Instrumenten, welche er vorfindet, den Stoff, den er unter den Händen hat, bearbeiten, um unterdeß der dringenden Noth abzuhelfen? Was würde man von dem Gelehrten halten, der, wenn er einen Unwissenden sagen hörte: die Sonne ist untergegangen, sich daran machte, ihm Galiläi's Entdeckung ab ovo zu demonstriren? Man muß das Eine thuen und das Andere nicht lassen — möchte vielleicht Jemand sagen —, an Stoff und Werkzeug zugleich denken. Ich weiß; aber wer ist dazu geschickt? Ich will es Anderen überlassen, zu discutiren und von vorn anzufangen und will mir daran genügen lassen, etwas Gutes zu thun auf dem Wege, auf welchem ich mich befinde. Wer wird ein Herz haben, mich zu verdammen, wenn es mir bei liebevollem Verschweigen gelingen sollte, nach und nach Jemanden an das Licht der Wahrheit zu gewöhnen, der sie nicht ertragen könnte, wenn er sie mit einem Male völlig sähe? Und kann ich nichts Gutes thun in meinem geringen Kreise? Du, mein lieber Jesus, hast mir diese wenigen Seelen anvertraut und wie Du Dein Leben für alle Menschen dahin gegeben hast, so willst Du, daß ich ohne alle Nebenabsicht mein armes Leben meiner kleinen Heerde schenke. Nein! ich darf niemals aufhören, Dir zu danken; wie viel Süßigkeit hast Du mich schmecken lassen! Wie viel Segen! Ich habe keine Familie und Du giebst mir die Freude, diesen meinen Lieben Vater zu sein; ich habe kein Weib, ich hatte ein Herz, das zur Liebe gemacht war und Du hast es endlich gewürdigt darin zu wohnen und es zu stillen mit der Liebe zu Dir, mit der Liebe zu Deiner heiligen Kirche: mit dem Lesen und mit dem Erwägen Deines heiligen Wortes. O! ich bin deß gewiß: wenn ich das heilige Wort lese ohne menschliche Commentare, so sündige ich nicht; ich sündige auch nicht, wenn ich daraus, so viel ich kann, diesen meinen Lieben zu kosten gebe, wenn ich mit aller Besonnenheit alles menschliche Hinderniß wegräume und sie auf geradem Wege zu Dir zu führen suche, der Du Weg, Wahrheit und Leben bist."

---

Zum Schluß theile ich aus den Reden Gavazzi's noch einige Stellen mit, welche nach Form oder Inhalt ein Interesse beanspruchen können.

„Laßt uns lernen, Christen sein; Neapolitaner! wenn das Paradies Alle aufnehmen sollte, die sich in der Kirche an die Brust schlagen, dann würde das Paradies allzu voll werden. Christus sagt im Evangelio: Es werden nicht Alle, die zu mir sagen: Herr! Herr! in das Himmelreich kommen, sondern die den Willen thun meines Vaters im Himmel. Meine Lieben! Laßt Euch etwas sagen, was ein Mensch zu Euch spricht, der eure Seele, der euer ewiges Heil lieb hat und der die Hoffnung hat, Euch Alle eines Tages bei Jesu Christo zu finden auf den seligen Thronen des ewigen Paradieses. Was ich Euch sagen will, ist dies: Laßt uns den Willen Gottes thun und nicht so viel an die Brust schlagen. Wenn Ihr dabei den Willen Gottes thut, so lasse ich Euch das an die Brust Schlagen. Aber wenn Ihr die Religion nur darin sucht und im Bekreuzen und dann fluchet, murret, den Eltern nicht gehorchet, in der Familie zänkisch seid, Euren Nächsten betrügt im Handel und Wandel — so ist es unnütz, daß Ihr in die Kirche geht. — Ein grober Sünder ist nicht so schlecht, als ein Heuchler und Frömmler, der äußerlich Heiligkeit zur Schau trägt, während inwendig nach den Worten des Evangeliums nichts als Unflath und Todtengebein ist! Die Heuchler und Frömmler bekehren sich niemals, auch im Augenblicke des Todes nicht, weil sie sich für heilig halten; leichter bekehrt sich der grobe Sünder auf die Stimme des öffentlichen Gewissens und die Aufforderung der Priester Christi. — Du sagst: ich glaube an Jesus Christus, ich bin Christ..... Wo ist das christliche Leben? Hierher! Hierher! Kommt her zu mir, ihr Männer vom Mercato![1]) Ihr seid so glühend, so eifrig, so fanatisch, wo es äußerliche Frömmigkeit gilt, Männer vom Mercato! Ihr sagt: Wir sind gute Katholiken. Wenn Ihr gute Katholiken seid, warum habt Ihr die Läden offen am Festtag, während doch die Frömmigkeit verbietet, am Sonntag Handel zu treiben? Wenn Ihr gute Katholiken seid, was wollt Ihr dann mit Eurem Schimpfen gegen Gott, gegen die Madonna, gegen den heiligen Petrus, gegen den heiligen Januarius? Wenn Ihr gute Katholiken seid, warum gehorcht Ihr dann nicht den Geboten Eurer Kirche! Seht... Ihr sagt etwas und thut etwas Anderes! Ihr sagt: Wir sind Katholiken! und Ihr lebt wie Atheisten, wie leichtfertige Menschen, wie Ungläubige! Macht es nach meiner Weise, richtet Euer Leben nach Eurem Glauben ein, lebt wie Ihr glaubt. — Sonst muß ich sagen: Ihr seid Christen den Worten nach, aber Ihr habt Sitten und Werke, die Gottlosen, Lästerern, Spielern, Räubern gehören... es wird ein Tag kommen, wo Christus trotz aller Eurer Kirchen, trotz aller Eurer Feste, trotz aller Eurer Geschenke für Ausschmückungen

---

[1]) Ein Quartier in Neapel.

und Illuminationen und Todtenbetten, sagen wird: Ich kenne Euch nicht!"

„Es ist unnütz die Werke des Ignaz von Loyola zu lesen oder die des Franz von Sales oder die des Alphons von Liguoro, es ist unnütz, die Werke aller der Asceten des Romanismus zu lesen, die Lectüre des römischen Katechismus ist unnütz, es ist unnütz das Concil von Trient zu lehren, wenn man nicht dem Evangelium gehorcht! Evangelium, Evangelium, Evangelium und nur Evangelium! — Ohne Concil von Trient, ohne römischen Katechismus, ohne die Werke des Alphons von Liguoro und des Franz von Sales könnt Ihr selig werden! Aber mit dem Allen, ohne das Evangelium, würdet Ihr Alle verloren sein!"

„Ein anderer Vorwurf, den man mir macht, um mir die Gunst des Volkes zu rauben, ist der, ich sei verheirathet. Wenn ich es wäre, was wäre dabei so Ungeheueres? Gott der Herr hat Adam und Eva geschaffen, nicht um aus ihnen einen Mönch und eine Nonne, sondern einen Ehemann und ein Eheweib zu machen, meine Lieben! Also wenn ich ein Weib hätte, so wäre ich den Absichten und Befehlen des Schöpfers gefolgt. Wenn ich ein Weib hätte, so hätte ich gethan, was, wie wir lesen, die Apostel gethan haben. Die Apostel und die Brüder des Herrn hatten Frauen und thaten wohl daran; sie führten ihre Frauen mit sich unter dem christlichen und edlen Namen: Schwestern, aber sie hatten Frauen. Wenn ich ein Weib hätte, so hätte ich gethan, was die Bischöfe und Priester der Kirche gethan haben bis zur Einführung des Mönchthums, bis zu den Satzungen des Papstes Vigilius und besonders des Papstes Hildebrand: denn, meine Herren, es ist gut, daß Ihr Folgendes erfahret: das kirchliche Cölibat ist keine göttliche Einrichtung, keine evangelische Einrichtung, keine christliche Einrichtung, sondern einfach eine kanonische Disciplinar-Einrichtung, die in den verdorbensten Jahrhunderten der Kirche entstanden ist. Demzufolge, da sie keine göttliche Einrichtung ist, kann der, welcher sie eingeführt hat, sie auch abstellen und er thäte sehr gut daran. Als die Priester Frauen hatten, in den ersten Zeiten des Christenthums, waren sie heilig. Der Apostel Paulus sagt: Wählet zum Bischof, wer seinem eigenen Hause wohl vorsteht und seinen Kindern; so Jemand seinen eigenen Kindern nicht wohl vorstehen kann, wird er nicht vorstehen können den sogenannten geistlichen Kindern in Christo, welche eine Fiction sind und weiter nichts. Als das Cölibat nicht Gesetz war, als die Priester sich verheiratheten, waren sie keusch, ehrbar, sittlich und exemplarisch in ihrem Wandel; heute, wo sie nicht heirathen können, sind sie das Aergerniß der Gesellschaft, das Beispiel öffentlicher Unsittlichkeit und wir zeigen mit dem Finger auf den Priester und den Mönch, der nicht seine Freundin und Concubine hat! In Italien und in Neapel, wo die Priester nicht öffentlich Concubinen haben, sind sie Herren über die Frauen aller Familien. Daher wenn ich ein Weib hätte, würde mich Niemand anklagen können, außer denen, welche der schmachvollen Lehre des Cardinals Bellarmin folgen, welcher die Worte des Apostels Paulus: Es ist besser freien, als Brunst leiden, umkehrt. — Aber, meine Herren, ich kann nicht haben, was ich nicht habe. Ich habe nie ein Weib gehabt und habe heute keins — es ist unnütz, daß Ihr mir eins gebt; denn die Frau, die Ihr mir gebt, lebt zwar in Eurer Phantasie, aber ich finde sie nicht zu Hause, beschäftigt, mir ein Gericht zuzubereiten, wenn ich von meinen socialen Pflichten ermüdet heimkehre. — Obwohl ich kein Versprechen geben will, so kann ich doch sagen: Ich werde nie ein Weib nehmen: denn die Männer, deren Haar weiß zu werden beginnt, müssen daran denken, daß sie ein wenig besonnen handeln... und dann, ich habe zu viel zu thun, um ans Freien zu denken. Zumal so lange mein armes Italien noch geknechtet ist in zweien seiner schönsten Provinzen, würde es nicht nur Thorheit, sondern Hochverrath sein, an Heirath zu denken. Mein Weib ist Italien, ist die Liebe zum Nächsten. — Meine Kraft, meine Stimme, meine Stärke, meine Liebe sollen ganz und gar Italien gehören."

„In allen Dingen muß man auf die einfachen Elemente zurückgehen: in der Gesellschaft muß man auf die Einheit zurückgehen: die Basis der nationalen Gesellschaft ist die Gemeinde, die Basis der Gemeinde ist die Familie, die Basis der Familie ist das Individuum. Sind die Individuen gut, so ist die Familie gut, sind die Familien gut, so ist die Gemeinde gut, sind die Gemeinden gut, so ist die Nation gut. Also um zu einer guten Nation zu kommen, muß man gute Individuen haben: wenn jedes der Individuen schlecht ist, so wird man nimmermehr eine gute Nation gewinnen.

„Ich nehme ein Beispiel aus dem Leben. Im Königreich Neapel ist Ueberfluß an Apfelsinen und Citronen: ihr schickt sie ins Ausland: wie macht ihr das? Ihr sucht aus, ihr wählt eine Apfelsine nach der anderen, um lauter gute zu haben: ihr legt sie zu einander, packt sie in Papier und in Kisten; nach zwei, drei Wochen, seht ihr alle wieder an und werft die eine fort, die etwa faul oder verdorben ist: so schafft ihr die Kiste fort und eure Apfelsinen, eure Citronen kommen in gutem Zustand an. Aber wenn ihr einige faule darunter laßt, so werden während der Reise nach England oder Amerika alle übrigen faul: wenn ihr die schlechten Apfelsinen nicht fortwerft, so kommt eine Kiste voll Gestank und nicht eine Kiste mit saftigen Früchten nach London oder New-York! — So geht es mit uns, meine Lieben! Die Individuen sind die Apfelsinen in der Kiste der italienischen Gesellschaft: sind die Individuen gut, so wird die Gesellschaft gut sein: aber wenn die Individuen schlecht sind, wird die Gesellschaft schlecht sein."

---

„Wenn in die Hände des Volks oder in die Hände der Justiz bourbonische Henkersknechte fallen sollten, so möge das Volk Rache fordern, aber niemals selbst Rache üben! Dann wird die Rache ehrbar, gesetzlich, gerecht und heilig sein! Denn wer kann außer den Behörden das Volk für das Unrecht rächen, das ihm von den bourbonischen Henkersknechten angethan worden ist? — Also,

Gesetzlichkeit! — Aber statt alles Uebrigen Vergessen, Großmuth, Verzeihen! — Wollt ihr sie verfolgen, weil sie Anhänger der Bourbonen waren? Dann würden wir ja nichts Anderes thun, als ihr trauriges Wesen copiren, nachahmen und zum Muster nehmen! Wir haben sie verwünscht, wir haben sie verflucht, weil sie unsere Mäßigung von 1848 gemißbraucht und uns ins Gefängniß, in die Verbannung und zum Richtplatz geführt haben.... Wohlan! heute, da wir triumphiren, wollen wir sie nicht nachahmen in ihrem traurigen Wesen, wollen wir Böses mit Gutem vergelten! Sonst würden wir nur einen Wechsel von Verfolgungen, von Haß und Rache haben, durch welchen niemals das Vaterland zu Stande kommt! — Es ist leichter, einen Bourbonisten mit der Großmuth des Vergessens zu entwaffnen, als wenn man ihn mit dem Fuß der Volksrache zertritt. — Danken wir Gott, der uns hat triumphiren lassen, aber laßt es uns nicht machen, wie die Schlangen und Ottern, welche mit ihrem Biß sich an dem Fuße rächen, der sie zertreten hat.... Erinnert euch, daß den Feinden vergeben die Rache Gottes, die Gottes würdige Rache ist, die uns Gott ähnlich macht! Erinnert Euch, daß sogar das Heidenthum in Rom und Griechenland durch den Mund seiner beiden größten Redner zu Alexander gesagt hat: Wir bewundern dich, weil du den Zorn besiegt hast; und zu Cäsar: Ich preise dich nicht, weil du barbarische und ungebildete Völker besiegt hast und viele Länder erobert, nein! sondern weil du dich selbst besiegt und überwunden hast! Das will sagen: wenn ein Mensch verzeiht, so zeigt er, daß er Mensch und nicht Thier ist; wer sich rächt, ist ein Thier, wer verzeiht ist ein Gottes und seiner Schöpferhand würdiger Mensch. Wer meinen göttlichen Jesus achtet, wer seine Worte hören und befolgen will, der bedenke, daß Christus im Evangelio gesagt hat: Wenn Ihr liebet, die Euch lieben, so thut Ihr nichts Anderes, als die Zöllner auch thun; aber wenn Ihr den liebt, der Euch einen Backenstreich giebt, wenn Ihr dem Gutes thut, der Euch Böses thut, so werdet Ihr Kinder meines himmlischen Vaters genannt werden!..... Vergeben, Vergeben, Vergeben! damit wir Christen sind, meine Lieben! — Der ist nicht Christ, der ist nicht liberal, der ist nicht Italiener, der nur Blut, Verfolgung, Haß, Rache will ... Nieder mit ihm!!

„Mit solchem Triumph unseres besseren Gefühls werden wir es dahin bringen, ein schönes, großes, edles, wundervolles Vaterland zu haben, das von der Welt beneidet und vom Himmel gesegnet wird.... So, meine Lieben, so muß Italien sich aufbauen!"